D0745911

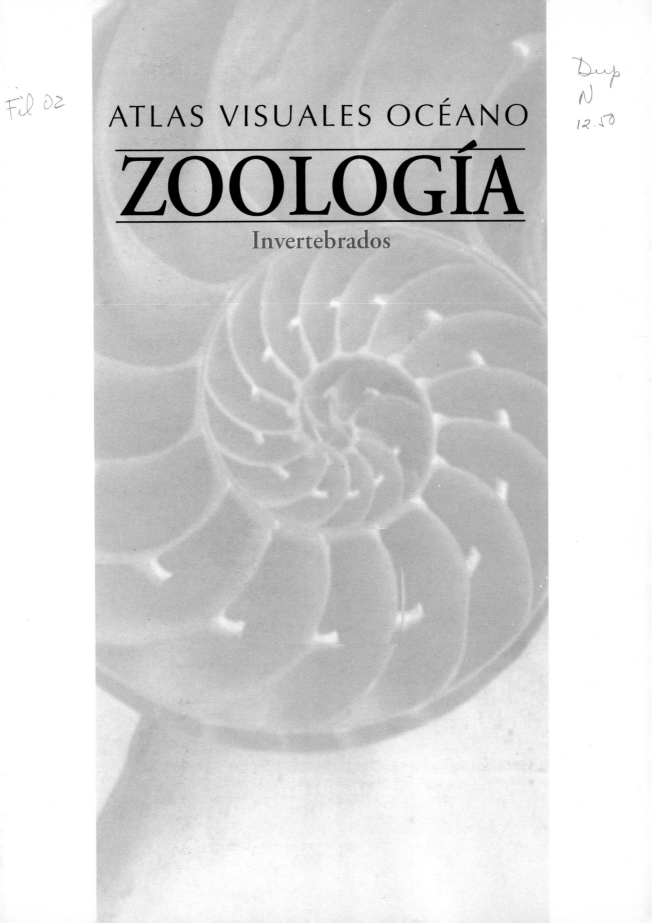

ATLAS VISUALES OCÉANO

ZOOLOGÍA

Invertebrados

ATLAS VISUALES OCÉANO

ZOOLOGÍA

Invertebrados

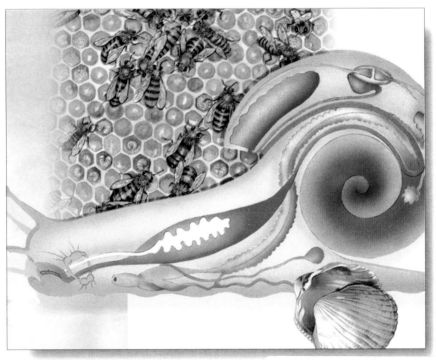

OCEANO

Dirección editorial: Carlos Gispert

Dirección del proyecto: Joaquín Navarro

Edición: Xavier Ruiz Fernández

Diseño interiores: Ton Ribas

Diseño cubiertas: Juan Pejoan

© MCMXCIX OCEANO GRUPO EDITORIAL, S.A.
EDIFICIO OCEANO • Milanesat, 21-23
08017 Barcelona (España)
Tel. 93 280 20 20* • Fax: 93 280 56 00
http://www.oceano.com • e-mail: info@oceano.com

ISBN: 84-494-1288-9
Depósito Legal: B-2276-99
10233949

Impreso en España / *Printed in Spain*

LOS INVERTEBRADOS

Sumario

INTRODUCCIÓN

En la elaboración de este Atlas de Zoología (Invertebrados) se han propuesto dos objetivos esenciales: recopilar la información más amplia sobre el tema y ofrecerla de la forma más clara y comprensible.

La obra está estructurada en dos partes. La primera se refiere a los conceptos generales; la segunda tiene carácter sistemático, con el estudio de los aspectos anatómico, fisiológico, ecológico y filogenético de los principales grupos de Invertebrados. Unos cuadros de clasificación muy completos permiten la continuada referencia a la visión global de cada grupo.

Como corresponde a un atlas, la parte gráfica desempeña un papel fundamental. Las ilustraciones incluyen esquemas didácticos, detalles anatómicos y representaciones de especies comunes, en especial de Europa y América. En los esquemas anatómicos, los colores cumplen una función identificadora de los diversos aparatos o sistemas: el amarillo corresponde al sistema nervioso; el azul, al tegumento; el magenta, al aparato digestivo; el verde oscuro, al aparato excretor; el verde claro, al aparato reproductor; el azul también, a los aparatos circulatorio y respiratorio; el marrón a la musculatura, y, finalmente, el anaranjado, al celoma. De este modo, la identificación siempre es fácil, a la vez que se facilita también la posibilidad de establecer comparaciones entre los diversos grupos.

Los destinatarios de esta obra son, naturalmente, los estudiantes de Zoología de todas las edades, desde los 12 años hasta los primeros cursos de las facultades. Pero es evidente que su contenido puede interesar también a todas aquellas personas que quieran conocer con detalle las particularidades y el comportamiento de los Invertebrados.

LOS EDITORES

La célula animal

El nombre de célula se debe a Hooke (1665), que lo aplicaría a las pequeñas cavidades que observó en el corcho. Algo más de un siglo después, Corti apreció movimientos dentro de la célula (1774), los cuales posteriormente se determinaría que eran debidos a una sustancia interna que se denominó *protoplasma* (Mohl, 1846), que contenía, entre otros orgánulos, el *núcleo* (Brown, 1823).

la base del desarrollo de los conocimientos sobre la organización de los seres vivos. Como, además, se descubrió que toda célula se originaba de otra preexistente, se la definiría como una unidad dotada de todas las propiedades características de los seres vivos y que constaba, esencialmente, de un núcleo y un *citoplasma*; la presencia de la membrana, por el contrario, no se consideraría ni constante ni necesaria.

células cuyos citoplasmas se fusionan (*sincitios*), y otras, son consecuencia de repetidas divisiones nucleares sin separación del citoplasma (*plasmodios*). No obstante, el carácter general es que los organismos están constituidos por células típicas con un solo núcleo.

Los animales se definen habitualmente como organismos dotados de sensibilidad y movimiento. De esta

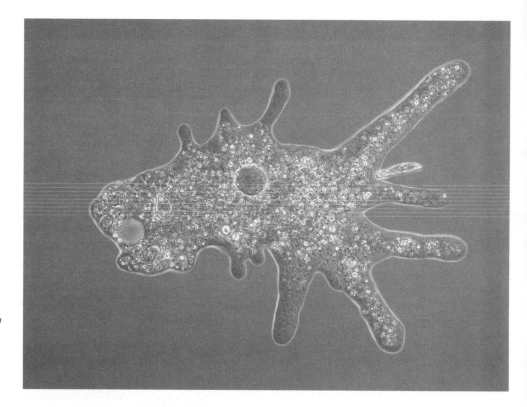

1

Fotografía microscópica de una Amoeba, *organismo unicelular perteneciente al grupo de los Rizópodos. Pueden apreciarse claramente el núcleo y los orgánulos intracelulares.*

Purkinje intuyó el significado de la célula como constituyente de los organismos, pero fueron en realidad el botánico Schleiden (1838) y el zoólogo Schwann (1838) quienes reconocieron las células como individualidades autónomas y afirmaron que todos los organismos vegetales y animales están formados por células y derivados celulares. Este principio, conocido con el nombre de *teoría celular,* constituye

Las células siempre conservan un significado de unidad funcional aunque no se distingan como unidades morfológicas. Por ejemplo, puede haber estructuras plurinucleadas no subdivididas en células, es decir, una masa protoplasmática con varios núcleos, como es el caso de algunas estructuras presentes en ciertos Copépodos (Crustáceos) parásitos. Unas veces estas formaciones derivan de la unión de varias

forma tan simple pueden distinguirse sin dificultad los *metazoos* (animales) de las *metáfitas* (vegetales). Pero esta diferenciación es mucho más compleja a nivel unicelular, ya que en ocasiones coexisten caracteres con tendencias animal y vegetal. Si el objetivo es distinguir el carácter animal del vegetal, evitando campos de ambigüedad manifiesta, debe recurrirse al estudio citológico.

Las características de la célula animal son:

— presenta siempre membrana nuclear, es decir, es *eucariota.*

— no presenta pared celular pectocelulósica.

— no presenta *plastos* con pigmentos fotosintetizadores, lo que implica una nutrición *heterótrofa.*

— no presenta vacuolas de reserva de sustancias disueltas o de productos de excreción.

— presenta *lisosomas* y *centríolos.*

Aparte de estos caracteres, existen otros que se consideran de tendencia animal, tales como la presencia de mesoglea o sustancia intercelular, la *metabolía* de la membrana; la existencia de *cilios, flagelos* o *seudópodos,* que se relaciona con la motilidad; la existencia de órganos captadores de estímulos (estigmas); y la presencia de *quitina* en la membrana.

Todo lo expuesto permite concluir la siguiente definición: los animales son organismos unicelulares o pluricelulares eucariotas cuyas células carecen de plastos y pigmentos, así como también de paredes celulares de secreción, y están incapacitadas para la *autotrofia.*

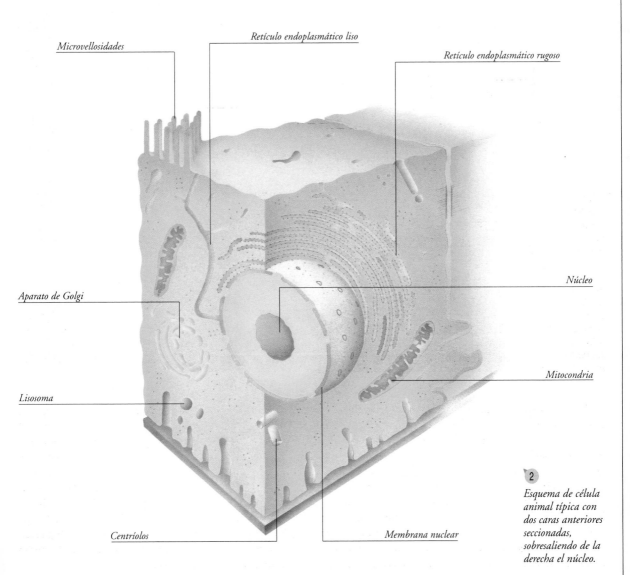

Microvellosidades

Retículo endoplasmático liso

Retículo endoplasmático rugoso

Aparato de Golgi

Núcleo

Lisosoma

Mitocondria

Centríolos

Membrana nuclear

2

Esquema de célula animal típica con dos caras anteriores seccionadas, sobresaliendo de la derecha el núcleo.

Tamaño, forma y desarrollo

La Zoomorfología es la ciencia que atiende al estudio del tamaño y la forma de los animales.

Tamaño

El tamaño de los animales no depende de las dimensiones de sus células, sino del número de éstas (principio de Driesch). O sea, el tamaño es directamente proporcional al número de células. Entre los Invertebrados existen algunos casos de constancia celular; en los Rotíferos, por ejemplo, cada especie presenta un número fijo de células, número que no varía a lo largo del crecimiento. Las dimensiones de las células pueden variar de unos tejidos a otros, oscilando entre 20 y 100 μ. Están reguladas por la relación núcleo-plasmática de Hertwig; la relación:

$$\frac{V_N}{V_C - V_N}$$

donde V_N = volumen del núcleo y V_C = volumen de la célula, es constante; al crecer la célula y variar la relación núcleo-plasmática la célula entra en división.

Por último, puede decirse que el tamaño depende del crecimiento absoluto, esto es, el que se refiere a todo el cuerpo y que utiliza como variables para su cuantificación la talla y el peso. Así pues, cuanto más crece el animal, mayor número de células tendrá y, por lo tanto, mayor tamaño y mayor peso.

Forma

Depende del otro tipo de crecimiento, el relativo. Crecimiento relativo es el que presenta una determinada parte del cuerpo en relación al total. Puede ser de tres tipos (fig. 3):

— _isométrico,_ si la parte considerada crece al mismo ritmo que el total.

— _alométrico positivo,_ si la parte considerada crece más rápidamente que el cuerpo.

— _alométrico negativo,_ si la parte considerada crece a ritmo inferior al total.

Desarrollo

Es un concepto a diferenciar del de crecimiento. El desarrollo de un organismo es el proceso de diferenciación por el que van apareciendo tejidos y órganos, para llegar finalmente a la formación de todo el cuerpo.

El desarrollo lleva a la organización del animal, es decir, la disposición concreta de los diferentes elementos constitutivos del organismo. La organización de los animales es característica de los diferentes grupos, distinguiéndose tipos de organización.

Para el estudio de los distintos tipos de organización se utiliza la simetría que presenta el grupo como elemento característico. Generalmente los animales son simétricos; se distinguen los siguientes tipos de simetría:

(parte considerada)
y

α = 1

a) Isometría   x (cuerpo)

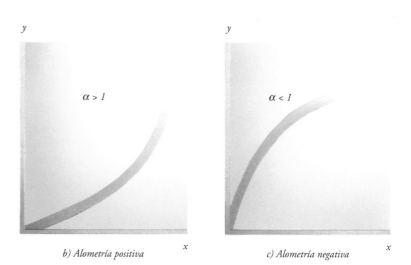

y

α > 1

b) Alometría positiva   x

y

α < 1

c) Alometría negativa   x

3

Gráficos de crecimiento relativo.

$y = bx^\alpha$: _y, crecimiento de la parte considerada;_ **b,** _constante de proporcionalidad;_ **x,** _crecimiento del cuerpo;_ α, _exponente (_α = 1, _isometría;_ α > 1, _alometría positiva;_ α < 1, _alometría negativa)._

— *radiada homoáxica.* Muy poco frecuente, sólo se presenta en determinados grupos de Protozoos: los Heliozoos, como el *Actinosphaerium*, y los Radiolarios, como el *Thalassicola* (fig. 4a). Se caracteriza por la existencia de un centro de simetría por el que pasa cualquier plano que divida al organismo en dos mitades iguales (como una esfera).

— *bilateral simple.* Es la más frecuente en los animales invertebrados y consiste en la existencia de un solo plano de simetría que divide al organismo en dos mitades iguales, una derecha y otra izquierda. Es la simetría típica de Anélidos, Artrópodos y Moluscos, entre otros invertebrados (fig. 4c).

Homología y analogía

Son dos conceptos zoológicos fundamentales, que se utilizan al comparar grupos o tipos de organización diferentes.

Órganos o partes homólogas entre invertebrados diferentes son las que

4

Tipos de simetría

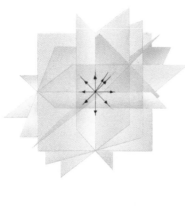

a) Radiada homoáxica

b) Radiada monoáxica

c) Bilateral simple

— *radiada monoáxica.* Es la simetría radiada por excelencia, típica de los Diblásticos (grupo al que pertenecen las Esponjas y los Celentéreos); se caracteriza por presentar un eje principal con dos polos desiguales, de forma que cualquier plano que pase por él divide al animal en dos mitades iguales (a semejanza de un cono). En este caso se habla de orden de simetría, que coincide con el número de planos de simetría existentes (fig. 4b).

— *bilateral doble.* Típica de los Ctenóforos y algunos Antozoos, presenta dos planos de simetría normales entre sí que no son equivalentes.

Suele hablarse de simetría total cuando ésta afecta a todo el organismo, tanto a la morfología externa como a la organización interna. Por el contrario, presentan simetría parcial los animales que no son simétricos internamente.

Por lo general, todos los animales son simétricos. De todas formas, en ocasiones se dan asimetrías, que pueden ser totales o parciales, e incluso temporales en animales *metábolos*, es decir, que tienen la propiedad de cambiar de forma. Ello se debe a las adaptaciones secundarias, por ejemplo, en los Moluscos: *Ostrea* (como la ostra común) se deforma por el contacto con el sustrato, al igual que *Pecten* (concha de peregrino).

tienen el mismo origen y significado, independientemente de la función que realicen, que puede no coincidir. Por ejemplo, son homólogas las antenas de un insecto y las anténulas (antenas I) de un crustáceo, o los quelíceros de un arácnido y las antenas (antenas II) de un crustáceo.

Por el contrario, órganos o partes análogas son las que desempeñan la misma función, independientemente del origen y de la evolución que hayan sufrido como, por ejemplo las patas de un insecto y los pereiópodos de un crustáceo decápodo; las alas de un insecto y las de un ave; o los ojos de los Cefalópodos y los de los Vertebrados

La meiosis. Tipos de ciclos

Se entiende por ciclo biológico el conjunto de cambios que experimenta un organismo o generaciones asexuales de organismos, desde la fecundación del huevo hasta la producción de gametos.

En todo ciclo biológico se distingue un proceso de especial importancia denominado *meiosis*. El número de cromosomas por célula es un rasgo característico de cada especie animal y está determinado genéticamente. Cuando tiene lugar un proceso sexual,

los cromosomas procedentes de los dos gametos se reúnen en una sola célula, por lo que el número de cromosomas del *cigoto* será el doble del de los gametos. Así pues, el animal que se desarrollaría de dicho cigoto poseería todas las células con un número

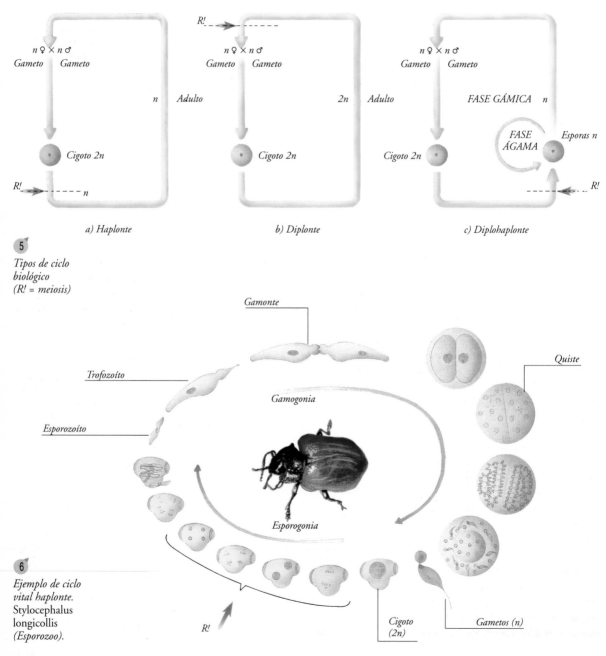

a) Haplonte

b) Diplonte

c) Diplohaplonte

5

Tipos de ciclo biológico
(R! = meiosis)

6

Ejemplo de ciclo vital haplonte. Stylocephalus longicollis (Esporozoo).

doble de cromosomas, duplicándose este número indefinidamente a través de las sucesivas generaciones sexuales. En la realidad esto no ocurre y el número de cromosomas de cada especie se mantiene invariable a lo largo de las generaciones gracias a la meiosis, que contrarresta la duplicación del número de cromosomas mediante la reducción de este número a la mitad. El número de cromosomas antes de la meiosis se denomina *diploide* (2n), y el número reducido, tras la meiosis, *haploide* (n). Como ya se ha indicado, la meiosis se presenta en todos los ciclos biológicos, y los organismos difieren según cuándo y dónde tenga lugar este fenómeno en su ciclo.

Los invertebrados presentan como ciclo típico el *diplonte,* que se da en todos los Metazoos. Consiste en que las células de un individuo son diploides durante toda su vida: la meiosis se produce al mismo tiempo que se forman los gametos (figs. 5b y 7). Presentan también este ciclo determinados Protozoos. Ya que en el animal adulto las células son diploides, cada cromosoma está representado por partida doble: uno procede del padre y el otro de la madre. Este hecho comporta importantes ventajas adaptativas, como es, por ejemplo, la estabilidad genética de los organismos.

Aunque el ciclo *diplonte* sea, cuantitativamente, el más importante en las especies animales, no se debe despreciar el hecho de que ciertos Protozoos presentan ciclo biológico *haplonte,* en el que, a diferencia del anterior, se produce la reducción meiótica inmediatamente después de la fecundación, con lo cual el adulto es haploide (figs. 5a y 6). También en los Protozoos se observan casos de alternancia de generaciones, lo que determina un ciclo biológico *diplohaplonte* (figs. 5c y 8). En este tipomde ciclo se puede distinguir una fase *ágama,* en la cual suele existir una multiplicación de *esporas* que, en un momento determinado, se comportan como gametos, produciéndose la fecundación, y un cigoto diploide, con lo cual se inicia otra fase, denominada *gámica.* Al darse la meiosis, generalmente se producen las esporas, reiniciándose la fase de multiplicación (fig. 5c).

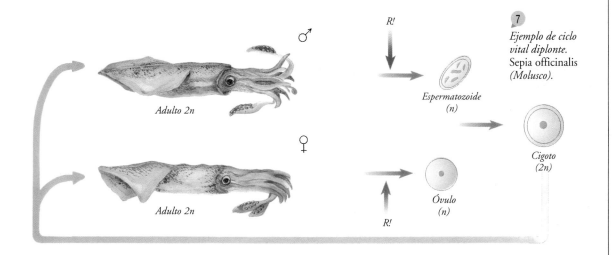

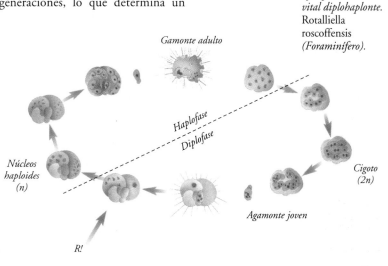

7

Ejemplo de ciclo vital diplonte. Sepia officinalis (Molusco).

8

Ejemplo de ciclo vital diplohaplonte. Rotalliella roscoffensis (Foraminífero).

Huevo. Segmentación. Estados embrionarios

El desarrollo es el proceso mediante el cual van apareciendo estructuras, órganos y finalmente aparatos y sistemas que dan lugar a todo un organismo.

Huevo

Después de la *fecundación* y, concretamente, después de la *cariogamia,* se forma un *cigoto* que dará lugar posteriormente al embrión. El cigoto va siempre provisto de una cierta cantidad de sustancias de reserva o nutricias (*deutoplasma* o *vitelo*) que provienen del citoplasma del óvulo fecundado. Se entiende que el huevo es el conjunto de cigoto y deutoplasma, unido asimismo a las posibles envolturas existentes. Generalmente, en el huevo se distinguen dos polos: animal, donde se localiza el cigoto, y vegetativo, con el deutoplasma.

Tipos de huevos. En los Invertebrados se distinguen tres tipos de huevos, atendiendo a la cantidad y disposición del vitelo del óvulo:

Oligolecíticos. Presentan vitelo escaso; no existe gran diferenciación entre los polos, ya que las sustancias nutritivas están repartidas uniformemente (fig. 9a-l).

Merolecíticos. Tienen gran cantidad de deutoplasma y, por tanto, una marcada asimetría entre los polos animal y vegetativo (fig. 9a-2).

Centrolecíticos. Poseen el vitelo concentrado en la zona central (fig. 9a-3).

Segmentación

Es el proceso mediante el cual se va dividiendo el huevo en células más pequeñas denominadas *blastómeros.* Por lo general, las primeras divisiones celulares se dan de forma sincrónica, formándose de esta manera agrupaciones de 2, 4, 8... células; el número de blastómeros va creciendo en progresión geométrica. Posteriormente, esta sincronía se pierde.

Tipos de segmentación. El fenómeno de la segmentación no se da de la misma forma en todos los Invertebrados, existiendo diferencias notables de unos grupos a otros; esta diversidad puede atribuirse, entre otras causas, al tipo de huevo que inicia el proceso de segmentación. Se distinguen diferentes modalidades de segmentación. Atendiendo a la situación de los blastómeros en el huevo, se tiene:

— segmentación total, cuando existen blastómeros en todo el huevo.

— segmentación parcial, si las células están limitadas a la zona del huevo que presenta poca cantidad de vitelo. Teniendo en cuenta el tamaño y la forma de los blastómeros, puede diferenciarse:

— segmentación igual, cuando todas las células son iguales.

— segmentación desigual, si los blastómeros son diferentes en tamaño; en este caso generalmente se disponen los blastómeros pequeños (*micrómeros*) en el polo superior del embrión, mientras que los mayores (*macrómeros*) se sitúan en el inferior. Si se observa el embrión por el polo superior, pueden distinguirse otros dos tipos de segmentación:

— radial, si los blastómeros se disponen en sentido meridiano. Es el tipo de segmentación típico de los *deuteróstomos.*

— espiral, cuando cada piso de blastómeros está desplazado un determinado ángulo respecto del siguiente. Este tipo de segmentación es la característica de los *protóstomos.*

Los huevos oligolecíticos presentan segmentación total e igual (por ejemplo, los Equinodermos). Los huevos merolecíticos la poseen total y desigual (Anélidos). En los huevos centrolecíticos se observa segmentación superficial, es decir, los blastómeros se disponen en la periferia del embrión y el vitelo permanece en el interior (por ejemplo, los Artrópodos) (fig. 9b).

Estados embrionarios

«Embrión» significa «organismo en desarrollo». A lo largo del desarrollo del embrión se distinguen los siguientes estados:

Mórula. Embrión macizo que consta de pocas células. Es un estado transitorio en el que pueden distinguirse micrómeros y macrómeros en los huevos merolecíticos.

Blástula. Estado transitorio formado a partir de la mórula que suele presentar una cavidad interna (*blastocele*). Se distinguen: celoblástulas (huecas) derivadas de huevos oligolecíticos y merolecíticos; esteroblástulas (sin cavidad interna), provenientes de huevos oligolecíticos, y periblástulas, a partir de huevos centrolecíticos (fig. 9c).

Gástrula. Se deriva de la blástula por medio del proceso de la *gastrulación.* La gástrula es una estructura que da lugar a las dos primeras hojas embrionarias (ectodermo y endodermo). El proceso de la gastrulación se realiza de maneras diversas, según el tipo de blástula de que se trate. Se distingue (fig. 9d):

Invaginación. A partir del polo inferior de la blástula, que es de tipo celoblástula. Este proceso es muy claro en los Equinodermos.

Epibolia. La parte superior de la blástula, formada por micrómeros, envuelve a la inferior. Es típica de organismos macizos (algunos Anélidos).

Proliferación. Las células de la blástula proliferan hacia el interior. Esta proliferación o inmigración puede ser polar. Frecuente en Celentéreos y Esponjas, con huevos oligolecíticos.

Delaminación. Se dividen sincrónicamente todas las células de la blás-

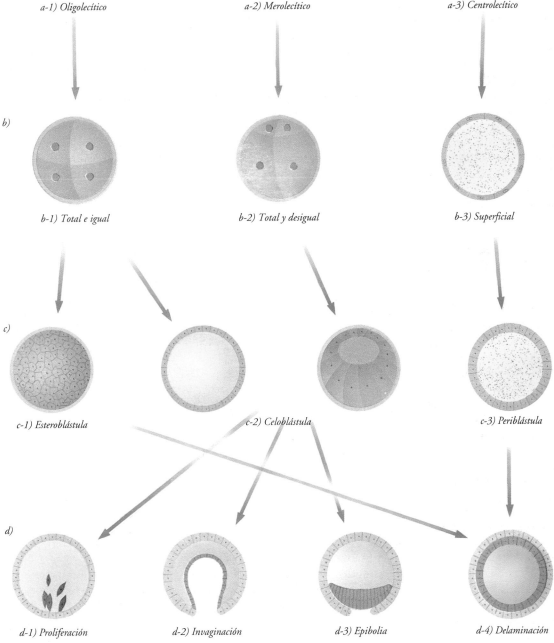

a)

a-1) Oligolecítico   a-2) Merolecítico   a-3) Centrolecítico

b)

b-1) Total e igual   b-2) Total y desigual   b-3) Superficial

c)

c-1) Esteroblástula   c-2) Celoblástula   c-3) Periblástula

d)

d-1) Proliferación   d-2) Invaginación   d-3) Epibolia   d-4) Delaminación

tula. Se da en Artrópodos, que presentan periblástulas. Existen animales que no continúan su desarrollo y, por tanto, en estado adulto presentan estructura de gástrula (diblásticos).

9 *Desarrollo de los diferentes tipos de huevos, según la cantidad y disposición del vitelo, presentes en los invertebrados. a) Tipos de huevo. b) Tipos de segmentación. c) Tipos de blástula. d) Tipos de gastrulación.*

Mesodermo. Celoma. Tipos de desarrollo

Aparición del mesodermo

En los animales en los que prosigue el desarrollo aparece una tercera hoja blastodérmica (*mesodermo*). Son los denominados Metazoos *triblásticos*. La aparición del mesodermo se deriva de dos procesos fundamentales (fig. 10a):

Esquizocelia. El mesodermo se forma debido a la proliferación de células que se sitúan junto al blastoporo. Es la modalidad característica de los protóstomos (triblásticos en los que la boca y el ano derivan del blastoporo), cuya segmentación típica es la espiral. A este grupo pertenecen Anélidos, Moluscos y Artrópodos.

Enterocelia. El mesodermo se forma a expensas del endodermo, que se va invaginando y da lugar a dos sacos mesodérmicos. Por este procedimiento forman el mesodermo los deuteróstomos (triblásticos en los cuales el ano deriva del blastoporo y la boca es de neoformación), que presentan segmentación radial. Los Equinodermos se incluyen en este grupo.

Celoma

Es la cavidad delimitada por el mesodermo. Es la denominada cavidad general secundaria. El *celoma* se comunica con el exterior a través de los *celomiporos,* que son conductos que generalmente se utilizan para evacuar los productos de excreción y los gametos. Las dos cavidades celomáticas están separadas por un tabique (*mesenterio*) que presenta lagunas blastocélicas de las cuales derivan los vasos circulatorios.

Modificaciones del celoma. Metamerización. Segmentación

El celoma puede permanecer bien desarrollado o sufrir modificaciones.

Los organismos con celoma típico se denominan *eucelomados*. Un desmesurado crecimiento del mesenterio hace que el organismo esté ocupado parcial o totalmente por tejido mesenquimático o parenquimático; las cavidades celomáticas se reducen, pudiendo llegar prácticamente a desaparecer (*acelomados*). Si además, en el seno del parénquima, se abren otras cavidades no celomáticas (*esquizoceles*), se tiene el modelo de los *seudocelomados*. Si los esquizoceles albergan líquidos circulatorios, se habla de *hemoceles* (fig. 10b).

En determinados grupos surge el fenómeno de la *metamerización*. Consiste en la aparición de partes que se van repitiendo de forma seriada a lo largo del cuerpo (*metámeros*). El fenómeno puede afectar a toda la organización del animal o solamente a determinadas partes, pero en ningún caso afecta al tubo digestivo. Las dos cavidades celomáticas iniciales se fragmentan por la aparición de tabiques transversales (*disepimentos*).

La metamerización puede ser homónoma, si todos los metámeros son iguales, y heterónoma, si son diferentes, apareciendo regiones en el cuerpo. Si la metamerización afecta a la pared del cuerpo, se habla de *segmentación* (fig. 10c).

Histogénesis y organogénesis

De cada una de las hojas blastodérmicas derivan unos tejidos determinados que, agrupados entre sí, dan lugar a los diferentes órganos.

Son derivados ectodérmicos el tegumento y el sistema nervioso. A partir del endodermo se origina el énteron. La mayoría de estructuras, tejidos o aparatos deriva del mesodermo: musculatura, esqueleto, órganos excretores, órganos reproductores, te-

jido conjuntivo, tejido adiposo, tejido cartilaginoso y tejido hemático.

Tipos de desarrollo

Se distinguen dos tipos de desarrollo: directo e indirecto. En el primer caso, el embrión en el momento del nacimiento ya presenta la organización definitiva. En el segundo caso, el embrión, al pasar a la vida libre, no ha completado todavía su desarrollo al haberse agotado el vitelo nutritivo; a partir de este momento el embrión queda en estado de *larva*.

Larvas

Son estados transitorios en los que el embrión se vale por sí mismo, obteniendo el alimento del exterior. Se distinguen fundamentalmente dos tipos de larvas:

Palingenéticas. Las que van acumulando los caracteres que aparecen, conservándose todos ellos en el adulto. Así, por ejemplo, los Crustáceos adquieren progresivamente los apéndices en el transcurso de su desarrollo larvario.

Cenogenéticas. Las que presentan caracteres transitorios que les sirven para pasar ciertos estados. Por ejemplo, en las metamorfosis de los Insectos aparecen estados intermedios (oruga, crisálida...) que no transmiten sus características al adulto.

10

a) *Formación del mesodermo.*
b) *Modificaciones del celoma.*
c) *Metamerización y segmentación.*

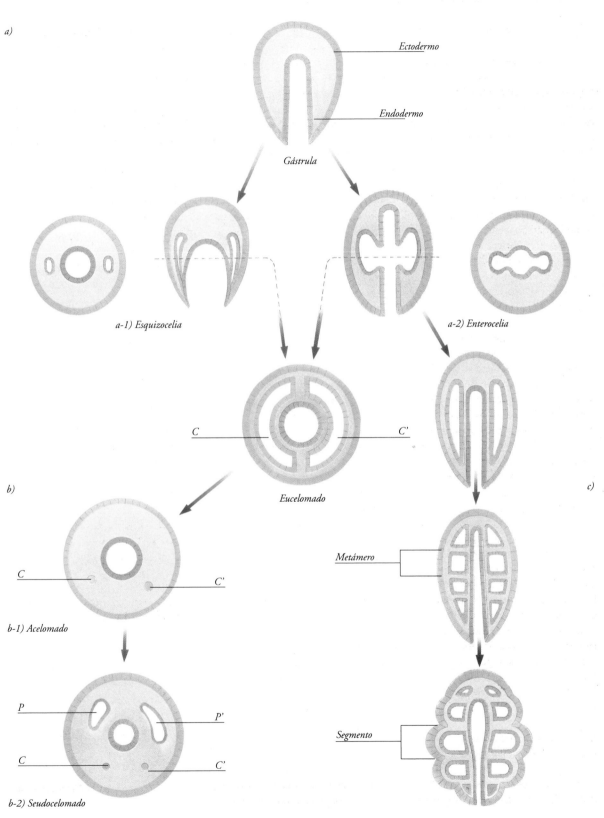

a)

Ectodermo

Endodermo

Gástrula

a-1) Esquizocelia

a-2) Enterocelia

C

C'

Eucelomado

b)

c)

C

C'

b-1) Acelomado

Metámero

P

P'

C

C'

b-2) Seudocelomado

Segmento

Funciones de nutrición

La comparación entre órganos y sistemas orgánicos de los distintos tipos de animales sólo puede hacerse atendiendo a su función, ya que el origen y la estructura de los órganos que realizan dicha función suelen ser diferentes. Así pues, se puede hablar de analogías pero no de homologías (éstas suelen darse únicamente entre individuos del mismo tipo zoológico). Los animales realizan diversas funciones que podemos dividir en los grupos de nutrición, relación y reproducción. Entre las del primer grupo distinguimos las siguientes.

Sistemas digestivos

a) Fagocitosis en Protozoos

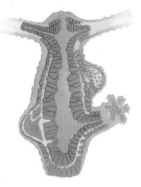

b) Cavidad gastrovascular de una hidra

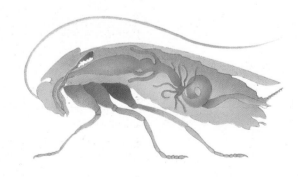

c) Aparato digestivo de un insecto

Digestión

La mayor parte de los animales toman alimento en forma sólida (fagotrofia), aunque hay algunos que, por su modo de vida, lo hacen en forma líquida (por ejemplo, ciertos parásitos). La captura de alimentos sólidos puede realizarse de varias formas, pero, en general, se distingue entre animales *micrófagos* (captan pequeñas partículas) y *macrófagos* (las partículas ingeridas son grandes y, además, se participa activamente en su captura). Los animales que capturan presas pueden hacerlo por métodos diversos, como redes (arañas), trampas de arena (algunas hormigas) o bien inoculando a la presa una sustancia tóxica que la paraliza (Celentéreos).

Una vez capturado el alimento, se pasa al proceso digestivo, que puede ser *intracelular* o *extracelular*. Realizan digestión intracelular los Protozoos (por fagocitosis) (fig. 11a) y las Esponjas (en las células de la cavidad gastrovascular). Presentan digestión mixta (parte intracelular y parte extracelular) los Celentéreos (fig. 11b) y los Platelmintos, entre otros invertebrados. En los Metazoos superiores (Anélidos, Artrópodos, determinados Moluscos), la digestión es estrictamente extracelular.

Los procesos de digestión tienen lugar en el aparato digestivo. Dicho aparato suele tener forma de saco o tubo. Es una simple cavidad en Esponjas y Celentéreos; a partir de los Anélidos encontramos ya un tubo completo con dos aberturas (bucal y anal) (fig. 11c). Dicho tubo puede ir complicándose con diferentes desarrollos y conformaciones, pero siempre se puede dividir en: *estomodeo* (invaginación bucal), *proctodeo* (invaginación anal) y *énteron* (tramo medio).

Circulación

Cuando la absorción de sustancias nutritivas no se efectúa por vía intracelular, se hace indispensable un sistema de distribución de las mismas. Este sistema se denomina medio interno y lo forman los líquidos celomáticos y circulatorio. Para el reparto de

riféricos (corazones auxiliares), como en los Insectos.

Frecuentemente, el corazón está dividido en dos partes, provistas de válvulas, que se contraen en tiempos sucesivos, de manera que la sangre se aspira en la aurícula y es expulsada del

ción, que puede ser abierta (existen lagunas), como en los Insectos (fig. 12a), o cerrada (la sangre no sale de los vasos sanguíneos), como en los Anélidos (fig. 12b). Generalmente, presentan sistema abierto los Seudocelomados, y cerrado, los Acelomados y los Celomados.

a) Abierto (Insecto)

b) Cerrado (Anélido)

12
Sistemas circulatorios.

estos líquidos no existe ningún aparato orgánico especializado en Esponjas, Celentéreos o Platelmintos (se utiliza para la distribución la masa de tejidos existente entre el endodermo y el ectodermo).

A partir de los Anélidos aparece un verdadero aparato circulatorio, constituido por una red de conductos cuya función es distribuir los materiales nutritivos y los gases respiratorios.

Los vasos que componen el aparato circulatorio pueden, con sus contracciones, contribuir al movimiento de los líquidos circulatorios, pero en los individuos más evolucionados existe un centro de bombeo (Artrópodos, Moluscos). También en ocasiones se encuentran órganos semejantes pe-

ventrículo. Con la actividad cardíaca, la sangre sale del corazón en una dirección determinada, atraviesa todo el cuerpo y vuelve al corazón. De este modo se logra la verdadera circula-

13
Saltamontes común (Stenobothrus rufipes) alimentándose. Este insecto dispone de

diversos apéndices bucales que le permiten masticar o triturar los alimentos antes de ingerirlos.

Funciones de nutrición (continuación)

Respiración

En general, los animales suelen ser *aerobios*, aunque algunos, debido a su condición de vida, pueden presentar fenómenos de respiración *anaerobia*.

En los animales con pocas células, la respiración se realiza por *difusión* (respiración cutánea), como en las Esponjas o los Platelmintos. En animales mayores que presentan superficies poco permeables a los gases atmosféricos, ya existen verdaderos aparatos respiratorios, aunque en algunos pueden coexistir con la respiración cutánea (determinadas especies de Gasterópodos).

Los órganos respiratorios se pueden dividir en dos grupos, según sirvan para la respiración acuática o para la aérea. Para la respiración en medio acuático existen *branquias* (fig. 14a). Bajo este nombre se agrupan una serie de estructuras análogas pero no homólogas. Pueden ser filamentosas, ramificadas o laminares, y estar situadas en cualquier parte del cuerpo. En todos los casos el agua que las rodea ha de moverse continuamente. Algunos animales acuáticos tienen otro tipo de órganos respiratorios; tal es el caso de los *pulmones acuíferos* de las Holoturias o de los *pies ambulacrales* de los Equinodermos; también funciona como órgano respiratorio la cavidad del *manto* de los Gasterópodos pulmonados, que actúa como órgano respiratorio acuático o subaéreo según que la especie habite en medio acuático o terrestre.

Para la respiración en medio terrestre se utilizan *tráqueas,* típicas en los Artrópodos (fig. 14b). Consisten en un sistema de conductos que se ramifican por todo el cuerpo y que penetran hasta el interior de las células. A veces presentan dilataciones llamadas *sacos aéreos* (abeja) o estructu-

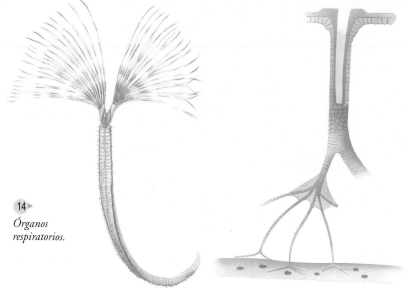

14 *Órganos respiratorios.*

a) Branquias externas del poliqueto
Sabella pavonina

b) Esquema de la tráquea de un insecto

15 *En los turbelarios, considerados como los Platelmintos más primitivos, la respiración se realiza por difusión, a través del epitelio (respiración cutánea).*

ras ramificadas con pliegues laminares (Arácnidos). El otro sistema de respiración en el medio aéreo, los *pulmones,* lo presentan únicamente los Vertebrados.

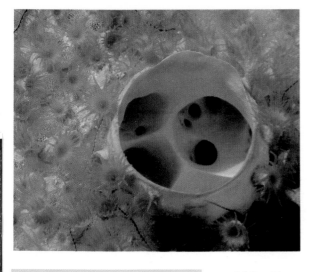

Las Esponjas eliminan los productos de desecho a través de los ósculos, orificios que comunican con la cavidad gastral y por los que sale el agua que circula a través de su cuerpo.

ser *protonefridios,* formaciones como las *células flamígeras* de los Platelmintos (fig. 17a) y los *solenocitos* (agrupaciones de las anteriores que adoptan formas regulares), o bien *metanefridios* (fig. 17b), que ya aparecen en los Celomados, como es el caso de los Anélidos y los Moluscos.

Existen otros tipos de órganos excretores, tales como las glándulas excretoras de los Crustáceos y los Arácnidos (glándulas antenales, maxilares y coxales), los *tubos de Malpighi* de algunos Artrópodos (fig. 17c), los *excretóforos* de los Anélidos, etc. En otros casos se pueden almacenar materiales catabólicos (Ascidias, Moluscos, Equinodermos...).

A la expulsión del material de desecho derivado de los procesos catabólicos contribuyen en parte las secreciones glandulares, como son la secreción mucosa de los Moluscos, las odoríferas de los Insectos o la de las *hileras* de los Arácnidos.

Excreción

Consiste en la recogida y eliminación de los productos de desecho del metabolismo celular (*catabolitos*), siendo éstos, principalmente, sustancias nitrogenadas. La eliminación de estos materiales se produce por fenómenos de *ósmosis* a través de una membrana que separa el medio interno del líquido exterior en el cual han de ser vertidos.

En la mayoría de Protozoos, la excreción se realiza por medio de *vacuolas contráctiles.* En Esponjas y Celentéreos, los productos son eliminados al exterior por la superficie del cuerpo. Ya en los individuos bilaterales aparecen los *nefridios,* que pueden

Órganos excretores.

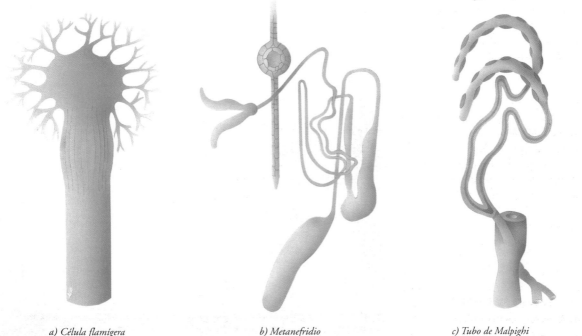

a) *Célula flamígera*   b) *Metanefridio*   c) *Tubo de Malpighi*

Funciones de relación

Bajo este enunciado se agrupan las siguientes funciones:

Sensibilidad

Los receptores que proporcionan las sensaciones conscientes se denomi-

Gusto y olfato. Se trata de sentidos químicos muy ligados entre sí. Existen botones gustativos en los tarsos de las mariposas y terminaciones nerviosas olfatorias en los Insectos, entre otros (fig. 18a). Estos sentidos pueden localizarse cerca o alrededor de la

diferencias de presión; es el caso de determinados insectos acuáticos.

Oído. Algunos invertebrados, principalmente ciertos insectos, cuentan con receptores de sonido situados en diversas partes del cuerpo; están relacio-

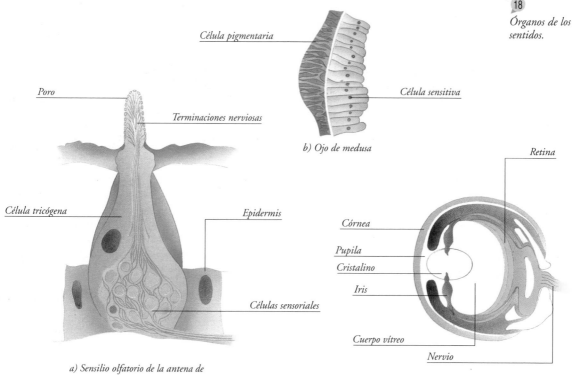

18

Órganos de los sentidos.

Célula pigmentaria

Célula sensitiva

b) Ojo de medusa

Poro

Terminaciones nerviosas

Célula tricógena

Epidermis

Células sensoriales

a) Sensilio olfatorio de la antena de un saltamontes

Retina

Córnea

Pupila

Cristalino

Iris

Cuerpo vítreo

Nervio

c) Ojo de Cefalópodo

nan órganos de los sentidos. Dichos órganos están en una posición adecuada para entrar en contacto con el ambiente; en los animales sedentarios están distribuidos en la periferia del cuerpo, pero son más numerosos en la parte anterior en los animales de simetría bilateral.

Tacto. Se trata de terminaciones nerviosas libres o de corpúsculos nerviosos. Existen receptores táctiles, por ejemplo, en los *tentáculos* de los Celentéreos, en los Anélidos y en las *antenas* de los Artrópodos.

boca, o bien estar repartidos por todo el cuerpo.

Equilibrio. El órgano del equilibrio consiste en una partícula sólida, el *estatocisto,* cuyo cambio de posición y el contacto con otra partícula, el *estatolito,* indica la posición del cuerpo respecto de la gravedad. En los Moluscos, el estatolito es una concreción caliza, mientras en los cangrejos es una partícula de arena. Algunos animales acuáticos poseen órganos hidrostáticos que contribuyen al equilibrio por su sensibilidad a las pequeñas

nados con determinadas dilataciones del aparato traqueal que funcionan como resonadores y poseen membranas timpánicas que vibran por la acción de las ondas sonoras.

Vista. En las lombrices de tierra ya se distinguen fotorreceptores sensibles a la luz, y en algunos Celentéreos (fig. 18b) y Moluscos existen manchas oculares. A partir de estas estructuras, se han desarrollado varios tipos de ojos; por ejemplo, en los Artrópodos existen ojos simples y compuestos, y en los Cefalópodos los ojos son análogos a los de los vertebrados (fig. 18c).

Movimiento

Al hablar de movimiento se debe considerar:

miento en la mayoría de animales. En algunos Protozoos presentan únicamente la función de contraerse y extenderse, pero en otros ya se pueden encontrar fibras contráctiles especializadas al igual que sucede en los Celentéreos.

En determinados grupos, como los Artrópodos, la musculatura se halla inserta en el esqueleto (fig. 19b). El esqueleto es un soporte o protección del cuerpo; puede ser externo (*exoesqueleto*) o interno (*endoesqueleto*), aunque en los invertebrados sólo existe

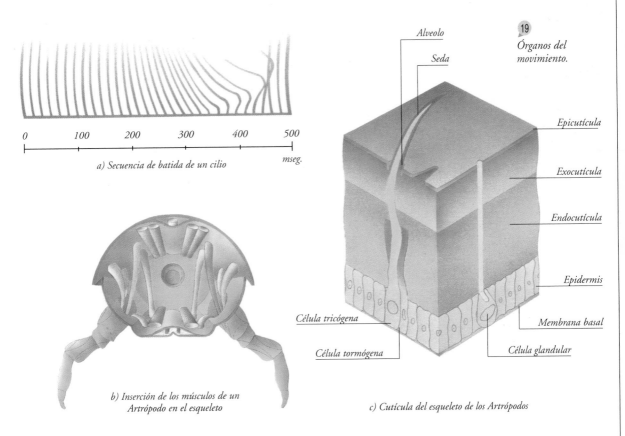

a) Secuencia de batida de un cilio

19 Órganos del movimiento.

Alveolo

Seda

Epicutícula

Exocutícula

Endocutícula

Epidermis

Célula tricógena

Célula tormógena

Membrana basal

Célula glandular

b) Inserción de los músculos de un Artrópodo en el esqueleto

c) Cutícula del esqueleto de los Artrópodos

Cilios y flagelos. Son prolongaciones celulares móviles. Un flagelo tiene forma de látigo y se origina en un gránulo (*cuerpo basal*) situado dentro de la célula; cuando existen muchas prolongaciones cortas, éstas se denominan cilios (fig. 19a). Existen flagelos en los Protozoos, algunos Platelmintos, en las estrellas de mar y en las branquias de los Moluscos bivalvos, entre otros.

Musculatura. La fibra muscular, dada su capacidad para contraerse, es la estructura responsable del movi-

En los gusanos planos aparecen fibras musculares en tres planos: longitudinal, transversal y dorsoventral. Así mismo, en las lombrices de tierra los haces están dispuestos de forma circular y longitudinal, lo que les permite movimientos de alargamiento.

En los Artrópodos ya se ha perdido la disposición de los músculos en estratos, y se presentan separados y de tamaño, inserción y disposición variables; en este caso, el movimiento depende de la actividad alternante de cada par de músculos opuestos.

exoesqueleto, y el endoesqueleto se presenta únicamente por diferenciación secundaria. En los Protozoos existen secreciones especiales que pueden formar un esqueleto; en las Esponjas se distingue un esqueleto de *espículas*. En los Braquiópodos, Equinodermos y Moluscos existe un esqueleto calcáreo que crece con el animal; los Artrópodos, en cambio, están cubiertos por exoesqueletos quitinoides articulados (fig. 19c) que, al ser rígidos, han de ser cambiados cada cierto tiempo, a medida que el animal va creciendo (proceso que recibe el nombre de *muda*).

Funciones de reproducción

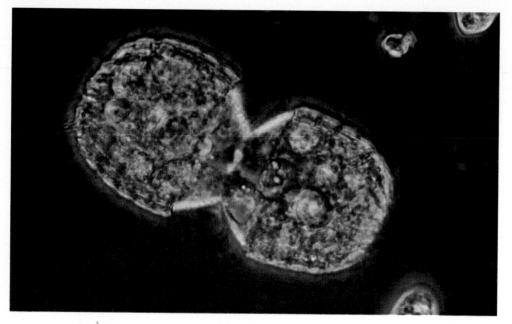

20

Protozoo reproduciéndose por bipartición o escisión de la célula en dos mitades iguales.

La capacidad de producir nuevos individuos vivos es una característica de todos los animales, aunque durante siglos se creyó que los animales de pequeñas dimensiones aparecían por generación espontánea. Se distinguen dos tipos de reproducción: la asexual y la sexual.

Reproducción asexual

Los individuos proceden de un solo progenitor que no presenta órganos especiales de reproducción. Algunos Protozoos se dividen por *bipartición* (fig. 21a), escisión en dos mitades iguales; otros, por *esporulación* (de una célula madre se originan muchas hijas); en los Celentéreos, por ejemplo, el nuevo individuo surge de una yema debida al proceso de *gemación* (fig. 21b); las esponjas de agua dulce también producen numerosas yemas internas, las *gémulas,* cada una de las cuales dará lugar, posteriormente, a un individuo; los Protozoos producen yemas internas llamadas *estatoblastos,* que al desarrollarse darán lugar a nuevos individuos. En los Turbelarios y los Nemertinos tiene lugar la *fragmentación* (el individuo se divide en dos o más partes, de cada una de las cuales se originará un nuevo animal).

a) Bipartición

Yema

21

Reproducción asexual

b) Gemación

Mención especial merece el proceso de *regeneración,* mediante el cual algunos animales reemplazan alguna parte de su cuerpo perdida accidentalmente. Presentan regeneración algunas especies de Celentéreos y Platelmintos, las estrellas de mar y los cangrejos, entre otros.

Reproducción sexual

Los nuevos individuos se producen a partir de las células sexuales o gametos de los padres. Ya en algunos Protozoos se dan procesos parasexuales; por ejemplo, en la *conjugación* de los Ciliados (tal como el paramecio), dos individuos aparentemente iguales se unen, intercambian materiales del micronúcleo y se separan, para dividirse más tarde por bipartición. En los pluricelulares, el sexo es el conjunto de caracteres estructurales y funcionales que distinguen al macho de la hembra; ambos poseen órganos sexuales, las *gónadas.* En las hembras, las gónadas se denominan *ovarios* y producen *óvulos,* mientras que en los machos las gónadas son los *testículos* y producen *espermatozoides.*

Además de las diferencias en los órganos de reproducción, los individuos de los dos sexos pueden diferir en su forma interna o externa, en la morfología, la fisiología y el comportamiento. Si en un individuo se encuentran órganos sexuales de los dos sexos se le denomina *monoico* o *hermafrodita* (por ejemplo, la lombriz de tierra), y si los sexos están separados, *dioico* o *gonocórico* (Artrópodos, Nemátodos...). En casos especiales, una sola gónada produce óvulos y espermatozoides; algunas ostras, por ejemplo, presentan este fenómeno.

Las gónadas son los órganos sexuales primarios (los únicos presentes en los Celentéreos), pero la mayoría de animales posee, además, órganos aso-

ciados que constituyen el sistema reproductor. En los machos suele aparecer un conducto deferente, una glándula seminal, glándulas accesorias y un órgano copulador (pene). Las hembras pueden presentar oviducto, glándulas accesorias, receptáculo seminal y vagina (figs. 22a, b).

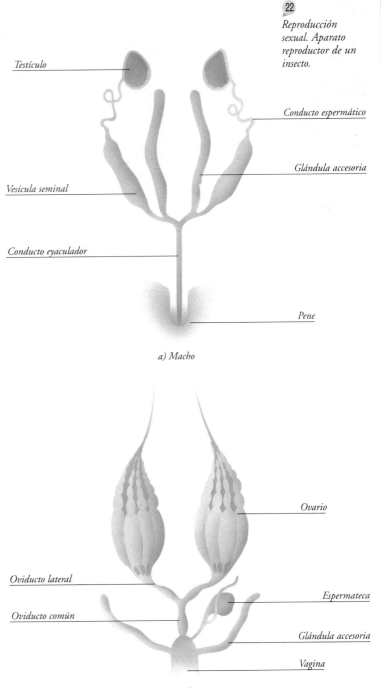

22
Reproducción sexual. Aparato reproductor de un insecto.

Testículo

Conducto espermático

Glándula accesoria

Vesícula seminal

Conducto eyaculador

Pene

a) Macho

Ovario

Oviducto lateral

Espermateca

Oviducto común

Glándula accesoria

Vagina

b) Hembra

Distribución animal

La Zoogeografía es la ciencia que estudia la distribución de los animales. Esta ciencia utiliza claramente el criterio geográfico. Aparte de ello, para poder llegar a interpretar la distribución de los animales ha de utilizarse también el criterio cronoecológico (basado en la Paleoestratigrafía y la Paleontología) y el ecológico (basado en la Ecología). Sólo haciendo uso de estos tres criterios pueden seguirse las vicisitudes sufridas por cada grupo zoológico. La Biocorología, ciencia que utiliza los criterios enumerados, hace posible entender la distribución animal actual.

Los animales generalmente presentan una distribución muy local en la superficie de la tierra y algo más amplia en el medio marino. Existen también diferencias entre las diferentes especies. Todo ello obedece fundamentalmente a la *dispersión* y a los factores que la condicionan.

Dispersión

Es el fenómeno por el cual se desplazan las especies. Se ha de suponer un punto teórico para situar el origen de cada especie; dicho punto es el denominado *centro de dispersión*. La especie originada se desplaza a partir de este punto y en cada momento se encuentra ocupando una determinada superficie (*área de dispersión*), que puede ser continua o discontinua. En el primer caso no existe interrupción en la superficie ocupada, y en el segundo sí. Puede ocurrir asimismo que el centro de dispersión de una especie se sitúe fuera de su área de dispersión en un momento determinado.

Factores que influyen en la dispersión

Para el desplazamiento de las especies existen factores positivos y negativos de dispersión. Entre los primeros cabe enumerar:

Los medios de locomoción. Los animales con medios de locomoción potentes tienen muchas posibilidades de ocupar grandes áreas de dispersión.

Condiciones fisiológicas. Determinadas características fisiológicas pueden llegar a hacer posible que el animal se independice del medio y pueda colonizar áreas cuyas condiciones sean inviables para otras especies. El ejemplo más claro, aunque no sea el caso de ningún invertebrado, es el de los animales que han conseguido regular su temperatura y, por tanto, han podido ocupar zonas frías.

Entre los factores negativos de la dispersión deben citarse los cuatro siguientes:

Barreras geográficas. Se consideran barreras de primer orden los continentes, en el caso de los animales marinos, y los océanos, en el caso de los terrestres. Las altas montañas y los desiertos son también de gran importancia para condicionar la dispersión.

Clima. Es un factor de gran importancia que está relacionado con los factores físicos ya que, por ejemplo, la zona de alta montaña implica temperaturas bajas. Este factor invisible es el responsable de que muchas especies que anteriormente ocupaban áreas de dispersión muy extensas estén confinadas en la actualidad en puntos muy concretos, discontinuos, constituyendo lo que se conoce con el nombre de *reliquias*.

Corrientes. En el caso de los animales marinos, aunque no existen barreras físicas tan importantes como los océanos para los terrestres, las corrientes, al ser constantes en la misma época del año, pueden condicionar la dispersión; el desplazamiento de los animales se da, en este caso, a favor de la corriente.

Salinidad. Es otro factor a tener en cuenta para los animales que viven en medio líquido. La mayor o menor capacidad de adaptación a la salinidad del medio hace que pueda hablarse de especies *eurihalinas* (que soportan márgenes de salinidad amplios), frente a las *estenohalinas* (que han de vivir en salinidades muy concretas). En el primer caso, las especies pueden colonizar ambientes distintos y ampliar su área de dispersión, y en el segundo, no. En todo caso, la salinidad del medio debe considerarse como un condicionante de la dispersión.

Regiones zoogeográficas

La distribución de cada especie animal no es continua en toda la superficie del planeta, sino que cada especie suele ser característica de una determinada región. Todo ello atiende al momento del origen de la especie y a la dispersión de la misma; este hecho se relaciona con la evolución de los continentes a lo largo del tiempo y también con su ecología a través de todos los tiempos y ambientes. En definitiva, hace posible que cada región presente unos determinados rasgos faunísticos y que se distinga entre especies *autóctonas* y especies *inmigradas*.

A partir de todo ello, se propuso una clasificación por regiones, que actualmente aún se continúa usando (fig. 23).

23

Regiones zoogeográficas, indicando algunos representantes de cada una de ellas.

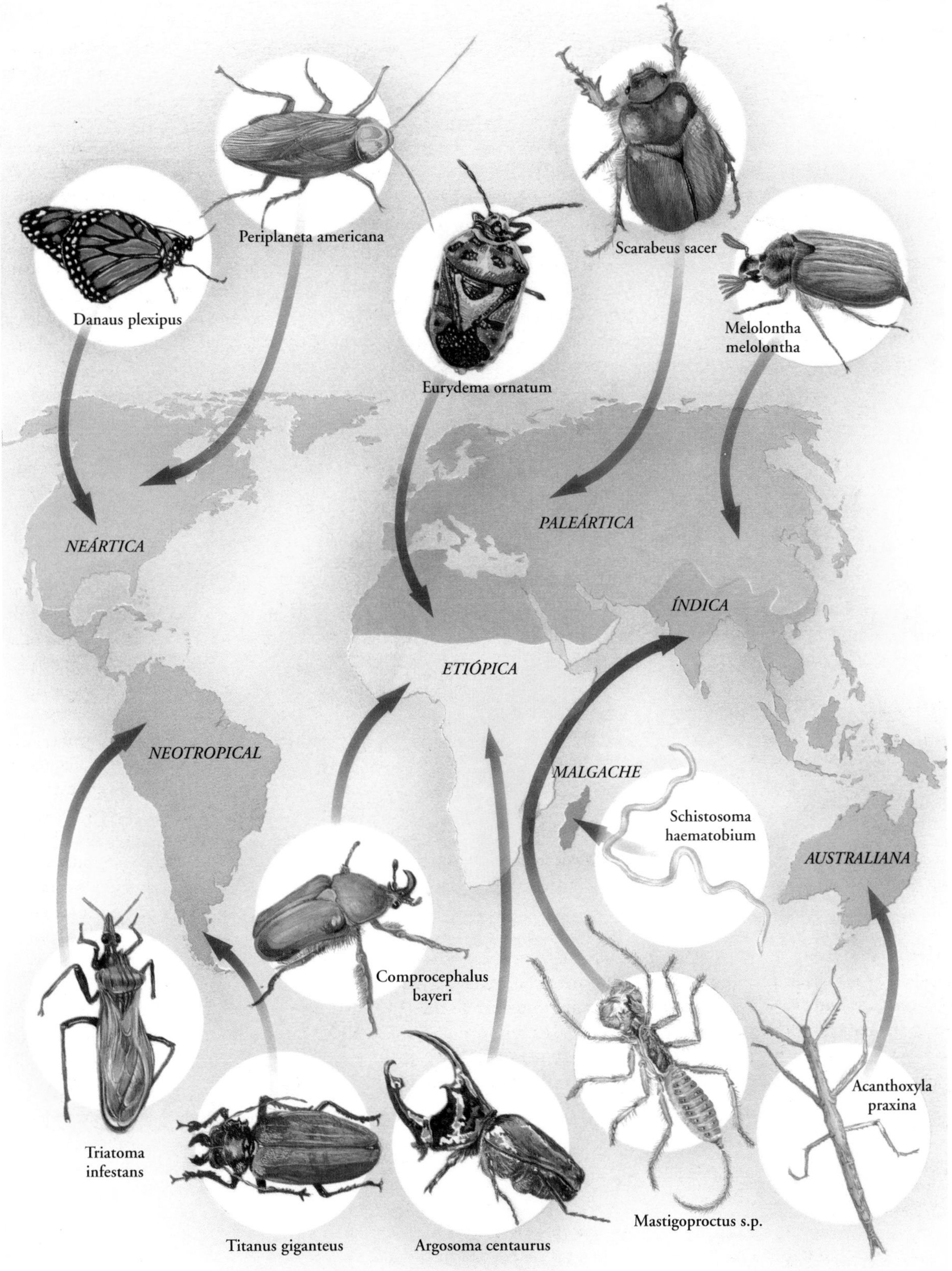

Danaus plexipus

Periplaneta americana

Eurydema ornatum

Scarabeus sacer

Melolontha melolontha

NEÁRTICA

PALEÁRTICA

ÍNDICA

ETIÓPICA

NEOTROPICAL

MALGACHE

Schistosoma haematobium

AUSTRALIANA

Comprocephalus bayeri

Triatoma infestans

Titanus giganteus

Argosoma centaurus

Mastigoproctus s.p.

Acanthoxyla praxina

Hábitats. Zonaciones

Todos los organismos viven en un ambiente característico para cada grupo de individuos, por lo que su estudio debe realizarse de acuerdo con cada medio específico. La relación que se establece entre organismos y medio ambiente es la base de la Ecología.

do de vida (humedad elevada, falta de luz...).

En el medio acuático se debe distinguir entre aguas dulces y saladas. Dentro de las aguas dulces se diferencian las *leníticas* (estancadas, como lagos y lagunas) y las *lóticas* (corrien-

Zona *oceánica* (zona de alta mar más allá de la plataforma continental).

Zona *batial* (zona de pendiente y ascensión continental).

Zona *abisal* (entre 2 000 y 5 000 m de profundidad).

Zona *hadal* (grandes profundidades).

24 ▶

Imagen de un biotopo acuático marino.

Los grandes medios son el acuático y el terrestre. Dentro del medio terrestre cabe considerar la parte *epigea* (superficie del suelo) y la *endogea* (en el suelo). En el medio epigeo se distinguirán grandes ecosistemas (bosques, desiertos, tundras...) cuya variedad de pobladores depende de las condiciones físicas (temperatura, salinidad...); los animales pueden vivir en refugios que ellos mismos construyen, en oquedades de los árboles, sobre materia orgánica muerta y en descomposición, bajo piedras... y presentan tipos de alimentación adaptados al *hábitat* que ocupan. En el medio endogeo viven los individuos que habitan grietas y cavidades del suelo, así como la denominada fauna cavernícola, de características muy especiales debido a su particular mo-

tes, como ríos y arroyos). Es obvio que existirán diferentes comunidades según el hábitat concreto; de esta forma, en las aguas estancadas se delimitan las zonas *litoral, limnética y profunda,* y en las corrientes, las zonas de *remansos* y de *rabiones* (de aguas someras y con una cierta velocidad).

En los ecosistemas oceánicos cabe destacar la diferencia de formas de vida entre la zona *fótica* (con luz, hasta unos 200 m de profundidad) y la *afótica.* Así mismo, al aumentar la profundidad cambian las condiciones físicas, de tal forma que quedan delimitadas una serie de zonas:

Zona *litoral* (entre mareas).
Zona *nerítica* (sobre la plataforma continental).

Por último se debe destacar que en los sistemas acuáticos se distinguen grupos de organismos, que se suelen dividir en *bentónicos* (fijos) y *pelágicos* (libres), aunque si se atiende a su capacidad de desplazamiento, se tiene:

Plancton. Organismos microscópicos flotantes cuyos movimientos dependen, más o menos, de las corrientes.

Bentos. Organismos fijados al fondo, o que permanecen en éste o viven en los sedimentos del fondo.

Necton. Organismos flotantes capaces de navegar a voluntad.

Neuston. Organismos que permanecen o nadan en la superficie.

Perifiton. Organismos fijados a otros.

Algunos habitantes de los diferentes biotopos marinos.

Generalidades. Relaciones interespecíficas

La Etología es la ciencia que estudia el comportamiento atendiendo a las reacciones del individuo al relacionarse con otros o con el medio ambiente. El comportamiento se manifiesta, la mayoría de las veces, por medio de movimientos to de habituación. El comportamiento innato también se denomina instinto y es especial para cada especie, aunque no todos los movimientos innatos se presentan al nacer, sino que se desarrollan a medida que crece el animal. Pueden considerarse instinto, por ejem-

Reflejos condicionados. Tienen su base en la experiencia; por ejemplo, la espera de un acto que siempre sucede al que acaba de acontecer.

Curiosidad y juegos. Son motivaciones que se han de ayudar con un sistema de recompensas.

26

Relaciones con el medio ambiente.

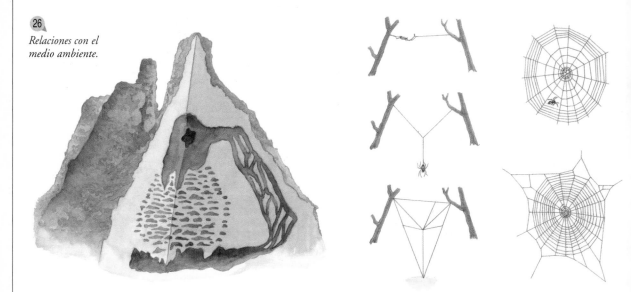

a) Adaptación a los factores abióticos (sección de un termitero)

b) Obtención del alimento (construcción de telarañas)

musculares, actividades glandulares o alteraciones pigmentarias; estas reacciones se producen atendiendo a estímulos sensoriales externos (un depredador, la pareja...) o a mecanismos estimuladores del sistema nervioso central (sensación de hambre, sed...). El comportamiento presenta rasgos característicos para cada especie, pero hay variabilidad individual y de población, o sea, depende de la mutación y la selección natural, por lo que es sujeto de evolución. Por otra parte, tiene un carácter adaptativo y su complejidad aumenta en función de la del organismo.

En principio pueden distinguirse dos niveles de comportamiento: el innato, heredado de los progenitores, y el aprendido, que incluye el concep-

plo, las actividades alimentarias de los Protozoos o sus reacciones de huida. Sin embargo, en la mayoría de animales el instinto se complementa con el aprendizaje por experiencia. El instinto puede dividirse en: comportamiento apetitivo, estímulo liberador y acto consumativo (Tinbergen); así, por ejemplo, la búsqueda del alimento, su visión y la ingestión. Cuando se ha llevado a cabo un aprendizaje, se dice que el comportamiento es aprendido; esto conlleva una motivación concreta o un impulso, tales como la necesidad física, la curiosidad, los juegos... El aprendizaje se obtiene por:

Habituación. Significa la pérdida de respuesta a un estímulo (por ejemplo, un ruido) por presentarse con frecuencia.

También en las relaciones con el medio ambiente y con otros individuos manifiesta el animal una conducta determinada. Las relaciones con el medio ambiente incluyen factores abióticos; por ejemplo, los termes regulan el grado de humedad y temperatura de sus construcciones por medio de un sistema de canales de ventilación dirigidos de arriba abajo que abren o cierran según su conveniencia (fig. 26a). Otro tipo de relación con el medio ambiente es la obtención del alimento, como en el caso de las arañas que fabrican telas para atrapar a sus presas (fig. 26b). Las relaciones con otros individuos se denominan conducta social, ya que implican una comunicación. Pueden dividirse en interespecíficas e intraespecíficas.

Relaciones interespecíficas

Se llevan a cabo entre individuos de especies diferentes. Las relaciones pueden ser beneficiosas o perjudiciales para ambas partes, o bien favorables o desfavorables para una e indife-

b) Parasitismo

c) Comensalismo

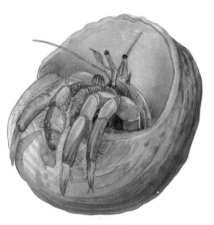

a) Simbiosis

d) Dispositivo de defensa contra la depredación

27

Relaciones biológicas interespecíficas.

rentes para la otra. Algunas de estas relaciones son:

Simbiosis. Es una asociación anatómico-funcional permanente con beneficio mutuo, hasta el punto de que en algunas ocasiones las especies no pueden vivir por sí solas. El cangrejo ermitaño *Pagurus* puede vivir simbióticamente con la especie *Calliactis parasitica* (fig. 27a).

Parasitismo. Una especie sale beneficiada en perjuicio de la otra (*huésped*), ya que puede realizar sobre ella acciones tóxicas, expoliadoras, mecánicas... Una larva de mosca, por ejemplo, puede vivir a modo de collar sobre una de hormiga, alimentándose cuando las obreras dan de comer a ésta (fig. 27b).

Comensalismo. Una especie obtiene alimento de otra sin causarle perjuicio. Es el caso del lepisma *Atelura*, que obtiene comida durante la alimentación social de las hormigas (fig. 27c).

Depredación. Un individuo de vida libre mata y devora a otro para alimentarse. Ante ello, la presa desarrolla diferentes respuestas de huida de tipo

adaptativo. El cangrejo *Dotilla* coloca bolitas de arena a la entrada de su nido, de forma que pueda huir ante un peligro (fig. 27d).

Otras relaciones de este tipo son el mutualismo y el inquilinismo, que no presentan perjuicio para ninguna de las especies, y la competencia, relación que se da con más frecuencia entre congéneres.

Relaciones intraespecíficas

Tienen lugar entre individuos de la misma especie, el conjunto de los cuales constituye una población. Algunas relaciones de este tipo sólo se dan durante temporadas, como son las de apareo, migraciones... En el caso de relaciones permanentes, éstas pueden adquirir gran complejidad; cada individuo tiene una misión específica dentro de la comunidad, y de este modo aumentan sus posibilidades de supervivencia y su capacidad de defensa ante los enemigos comunes. Las poblaciones pueden formarse por las siguientes causas:

Imagen del interior de un hormiguero. Las hormigas se caracterizan por una organización social muy rígida, con diferentes niveles de jerarquización y especialización.

Reproducción. Una pareja, o varias, deposita huevos o larvas en un lugar determinado; al cabo de un tiempo, surge una población que permanecerá en dicho lugar.

Transporte pasivo. Por la acción mecánica del medio.

Locomoción activa. Su origen puede ser una orientación común, o bien seguir un estímulo o una atracción entre congéneres.

Las consecuencias de la formación de poblaciones pueden ser:

Desfavorables. Suelen ser consecuencia de la competencia, que afecta a la consecución del alimento, a la reproducción (escasez de alimento, poca cantidad de hembras...) o a una limitación de los factores físicos del ambiente (luz, espacio...).

Favorables. Como pueden ser la protección contra los enemigos, las mayores facilidades del encuentro entre los dos sexos o bien la división del trabajo.

En todo caso, pueden distinguirse los siguientes tipos de poblaciones.

Familiares. Originadas por una pareja que procrea una descendencia numerosa. Los procreadores pueden ser una pareja o un macho y varias hembras. Las poblaciones familiares más complejas son los clanes, en los cuales la función reproductora se ha extendido a varias parejas de la misma familia.

Gregarias. Originadas por transporte pasivo o locomoción activa de individuos sin parentesco familiar. Este tipo de poblaciones puede formarse con un fin determinado y disolverse una vez alcanzado éste; por ejemplo, es corriente que las mariposas se reúnan alrededor de lugares donde hay agua.

Coloniales. Se forman a partir de un solo individuo. Sus componentes se encuentran unidos y comunicados formando colonias, en las cuales todos pueden realizar las mismas o diferentes funciones. Las formaciones de coral son un ejemplo típico de poblaciones coloniales.

La vida en una colmena.

Estatales. Hay una división del trabajo tan grande que se produce una diferenciación en *castas* y los individuos no pueden vivir aislados; por ejemplo, en algunas especies de termes, las mandíbulas han involucionado de tal forma que ya no pueden alimentarse sin ayuda.

Un ejemplo característico de este tipo de sociedades es el de las abejas. En este caso concreto las castas son: la reina (hembra fecunda áptera), las obreras (hembras estériles aladas) y los zánganos (machos sin aguijón). En cada colmena hay una sola reina, que es fecundada por un zángano y que puede poner huevos fecundados (que dan lugar a obreras y reina) o bien partenogenéticos (de los que nacen los zánganos).

Curiosamente, el que una hembra sea obrera o reina depende de la alimentación recibida. Mientras que la única misión de la reina es poner huevos y la de los zánganos fecundarla, las obreras tienen diferentes actividades según la edad. Del primer al décimo día de vida, trabajan en el interior de la colmena limpiando los panales y calentando las celdas de cría; tras algunos días se les desarrolla una glándula que segrega líquido alimenticio, por lo que se convierten en cuidadoras de las crías; entre los días 10 y 20 de vida las glándulas alimenticias involucionan y se desarrollan las de cera, por lo que pasarán a desempeñar el papel de constructoras y, posteriormente, de vigilancia en la entrada de la colmena; desde el vigésimo día de vida hasta su muerte, las obreras trabajan como recolectoras (fig. 29).

Taxonomía y clasificación

Los principios de la nomenclatura zoológica usada en la actualidad fueron establecidos en el siglo XVIII por Linné, sobre todo con la publicación de la 10.ª edición de su obra *Systema Naturae* en 1758. Se consideran grupos taxonómicos o taxones (tipo, clase, orden, familia, género, especie), cada uno de los cuales recibe un nombre latino o latinizado que será su nombre científico. Las categorías que quedan por encima del nivel de especie son uninominales (un nombre), mientras que los taxones a nivel de especie se designan con el nombre genérico (en mayúscula) y el específico (en minúscula). Si existen subespecies, éstas se designarán de forma trinominal. En todos los casos se recomienda escribir los nombres científicos con una grafía distintiva. Se considera también norma general el escribir a continuación del nombre científico el nombre del autor que describió el taxón y el año de su publicación. Entre los principios generales en que se basa la taxonomía cabe distinguir dos:

Normalismo. Establece un sistema de designaciones que se basa en la coordinación y subordinación taxonómicas. Así, hay taxones coordinados a nivel de familia, género y especie. Por otra parte hay una jerarquización de taxones, de forma que una familia engloba varios géneros, un género varias especies y una especie puede englobar varias subespecies.

Tipificación. El establecimiento de una especie debe basarse en el material estudiado por el autor, pero nunca de un solo ejemplar, sino de una serie de varios idénticos (*sintipo*), guardándose uno de los ejemplares como tipo de la especie (*holotipo*). La nueva especie sólo será válida cuando exista una publicación escrita que la dé a conocer; si en ese momento no se ha designado holotipo, se podrá elegir como tal uno de los ejemplares de la serie (*lectotipo*). Así mismo, si el material tipo hubiera desaparecido, se podría sustituir por un *neotipo*. Esta tipificación resuelve problemas de *sinonimia* (una misma especie se denomina con nombres distintos) y de *homonimia* (autores diferentes dan el mismo nombre a especies distintas).

Clasificación

Pueden distinguirse dos sistemas de clasificación:

Convencional. Los individuos se agrupan de manera arbitraria, según la conveniencia del autor. Se denomina sistema artificial. Esta sistemática fue la primera puesta en práctica.

Natural. Se clasifica a los entes según sus afinidades, parentesco y características comunes. Es el sistema científico, especialmente si ordena los animales según la *filogenia*.

Las primeras clasificaciones de animales conocidas aparecieron en la India en el siglo V a.C. Posteriormente se conoce la clasificación de Aristóteles (siglo IV a.C.), modelo de su época, que prevaleció durante 2000 años y clasificaba a los animales en *Enaima* (con sangre) y *Anaima* (sin sangre), grupos homologables a Vertebrados e Invertebrados, respectivamente. Después de Aristóteles hubo algunos autores que propusieron clasificaciones artificiosas, como Plinio (siglo I) o San Isidoro de Sevilla (siglos VI-VII), hasta que Ray (siglos XVII-XVIII) estableció una clasificación comparable a la aristotélica, basada en caracteres anatómicos internos. Posteriormente, se conocen las clasificaciones de Linné (siglo XVIII), rudimentaria, pero ya con establecimiento de grupos definitivos; Buffon (siglo XVIII), que ya intuyó la posible evolución de las formas; Lamarck (siglos XVIII-XIX), que da por primera vez una clasificación filogenética pero con muchos errores conceptuales; y la de Cuvier (siglos XVIII-XIX), en la que parecen ponerse de manifiesto los conceptos de tipo y organización (incluye los tipos de organización: Vertebrados, Moluscos, Articulados, Vermes y Radiados). La clasificación de Cuvier prevaleció hasta la aparición de las hipótesis darwinianas. A partir de Darwin (siglo XIX) se consideraron los siguientes grupos: Protozoos, Esponjas, Celentéreos, Gusanos, Artrópodos, Moluscos, Equinodermos, Vertebrados. Más tarde, Haeckel (siglos XIX-XX) introdujo los conceptos de Celentéreos y Celomados e incluyó, en su clasificación, a los Procordados. La clasificación actual se basa en la del siglo pasado, atendiendo a los caracteres morfológicos y embriológicos de las especies.

30

Árbol filogenético de los principales Tipos zoológicos.

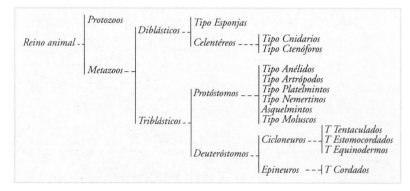

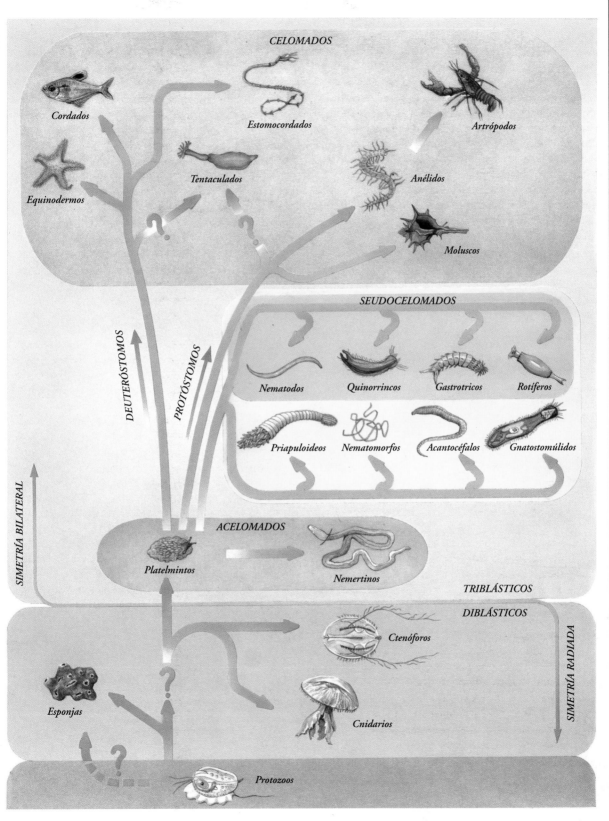

CELOMADOS

Cordados

Estomocordados

Artrópodos

Equinodermos

Tentaculados

Anélidos

Moluscos

SEUDOCELOMADOS

Nematodos

Quinorrincos

Gastrotricos

Rotíferos

Priapuloideos

Nematomorfos

Acantocéfalos

Gnatostomúlidos

DEUTERÓSTOMOS

PROTÓSTOMOS

SIMETRÍA BILATERAL

ACELOMADOS

Platelmintos

Nemertinos

TRIBLÁSTICOS

DIBLÁSTICOS

Ctenóforos

SIMETRÍA RADIADA

Esponjas

Cnidarios

Protozoos

Características generales. Clasificación

Son organismos unicelulares o pluricelulares en los cuales no existe especialización celular y cada una de las células es totipotente, capaz de generar nuevos individuos. El tamaño varía de 2 o 3 micras a más de 1 mm, pero el más común es el de 20 a 40 micras. También se consideran Protozoos los organismos unicelulares con varios núcleos (*polienérgidas*) y, en este caso, su tamaño es mucho mayor. En este sentido se distinguen estados plasmodiales y sincitiales. En ocasiones existen colonias que, en algunos casos, presentan células de aspecto diferente.

La forma de los Protozoos es muy diversa, aunque la más corriente es la ovoide. Al existir películas, tecas o caparazones, la forma es estable, pero en las formas desnudas ésta no puede mantenerse (metabolía). Los Protozoos se presentan polarizados: tienen un polo animal y un polo vegetativo. Sus células son típicas, con todos los orgánulos citoplasmáticos característicos. Únicamente los Cilióforos presentan núcleo particular, dividido en dos (macronúcleo y micronúcleo). Es de destacar la presencia de gran cantidad de inclusiones paraplasmáticas de reserva, que pueden ser glucídicas (glucógeno y paraglucógeno), lipídicas (grasas neutras o ácidos grasos) y proteicas (volutina y leucosina). La excreción se realiza mediante las vacuolas pulsátiles o bien por difusión directa; el amoníaco es el produco más abundante. El movimiento de los Protozoos se debe a la existencia de seudópodos, expansiones de la membrana de morfología diversa (*rizopodios, filopodios, axopodios, lobopodios*), y a la presencia de cilios, cortos y muy numerosos, y de flagelos, largos y escasos (fig. 31). La reproducción de los Protozoos puede ser:

Asexual, por bipartición, división múltiple, gemación o esporulación; en este último caso se obtienen formas de resistencia (esporas) que pueden ser de diversos tipos (zoosporas, clamidosporas...).

Sexual, si existe fecundación entre gametos, iguales (*isogamia*) o diferentes (*anisogamia*). En cuanto a los ciclos biológicos, en los Protozoos se presentan las tres modalidades: haplonte, diplonte y diplohaplonte.

El modo de vida de los Protozoos es muy diverso. Existe el grupo de los Fitomastigóforos o Flagelados vegetales, que, al presentar plastos, pueden nutrirse autotróficamente. Además, presentan almidón y paramilo como reservas glucídicas. Debido a ello, estos organismos no pueden considerarse animales. En este grupo se incluyen los Dinomonadinos, los Crisomonadinos, los Cocolitoforinos, los Eugleninos (fig. 33a) y los Criptomonadinos, tipos que son considerados algas por los botánicos, y los Laberintulinos, más próximos a los hongos.

Los restantes Protozoos, al no presentar pigmentos fotosintéticos, se

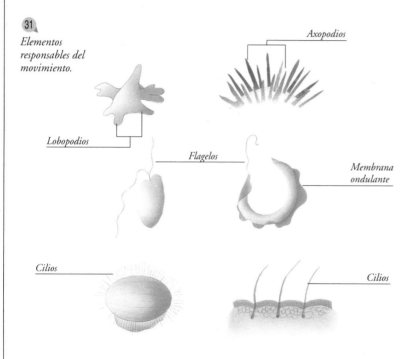

31

Elementos responsables del movimiento.

Axopodios

Lobopodios

Flagelos

Membrana ondulante

Cilios

Cilios

Microtúbulos

32

Sección de un cilio o flagelo.

nutren de forma heterótrofa, por osmotrofia o fagotrofia, implicando esta última la formación de vacuolas digestivas. Son los Protozoos típicamente animales. Pueden ser libres o parásitos, y constituyen este grupo los Zoomastigóforos (fig. 33c), los Rizópodos (fig. 33d) en sentido amplio, los Micetozoos, los Esporozoos y los Cilióforos (fig. 33b).

En cuanto a la sistemática, los Protozoos pueden clasificarse como se detalla a continuación.

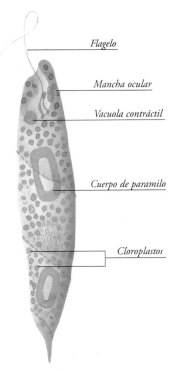

a) Euglena *(Fitomastigóforo)*

Flagelados
   Fitomastigóforos
      Tipo Dinoflagelados (= Dinomonadinos = Peridinales)
      Tipo Crisófitos (= Crisomonadinos)
      Tipo Haptófitos (= Cocolitoforinos)
      Tipo Euglenófitos (= Eugleninos)
      Tipo Criptófitos (= Criptomonadinos)
      Tipo Laberintulomicetes (= Laberintulinos)

   Zoomastigóforos
      Tipo Zoomastiginos
         Clase Opalínidos
         Clase Coanoflagelados (= Craspedinos)
         Clase Cinetoplástidos
            Orden Bodoninos
            Orden Tripanosómidos
         Clase Parabasálidos
            Orden Tricomonadinos
            Orden Polimonadinos
            Orden Hipermastiginos

Rizópodos
      Tipo Rizópodos (= Ameboideos)
      Tipo Actinópodos
         Clase Heliozoos
         Clase Radiolarios
         Clase Acantarios
      Tipo Foraminíferos

Esporozoos
      Tipo Apicomplejos (= Esporozoos = Telosporidios)
         Clase Coccidiomorfos
         Clase Gregarinimorfos
      Tipo Cnidosporidios

Micetozoos
      Tipo Micetozoos (= Mixomicetes)

Cilióforos
      Tipo Cilióforos
         Clase Ciliados
         Clase Suctores

b) Euplotes *(Ciliado)*

c) Trichonympha
(Zoomastigóforo)

33

Protozoos. Algunos ejemplos característicos.

d) Globigerina *(Rizópodo)*

Flagelados. Rizópodos

Flagelados

Son aquellos protozoos que en fase activa presentan flagelos, aunque pueden perderlos en otras fases.

Zoomastigóforos: Quedan todos incluidos en un único tipo.

Los Cinetoplástidos agrupan los Bodoninos, de aguas putrefactas, que presentan dos flagelos situados en el polo animal, y los Tripanosómidos. En este grupo se dan tanto formas libres (*Leptomonas*) como parásitas; estas últimas son las de mayor importancia debido a la gran cantidad de

de cuatro o múltiplo de cuatro; presentan también elementos esqueléticos (*axostilos*); *Trichomonas vaginalis* (fig. 34c) vive en la vagina de los mamíferos.

Los Polimonadinos se caracterizan por tener muchos núcleos, por lo que

34 *Flagelados.*

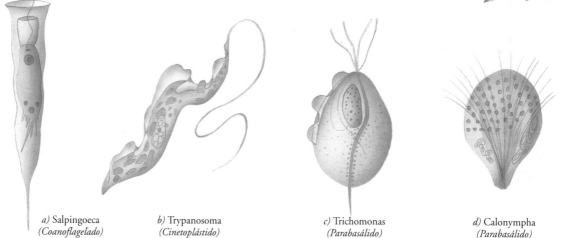

a) Salpingoeca
(*Coanoflagelado*)

b) Trypanosoma
(*Cinetoplástido*)

c) Trichomonas
(*Parabasálido*)

d) Calonympha
(*Parabasálido*)

Tipo Zoomastiginos

Son los flagelados de naturaleza animal, que no presentan nunca plastos y se nutren heterotróficamente. Este grupo incluye diferentes Clases.

Los Opalínidos parecen Ciliados, ya que presentan muchos núcleos y numerosos flagelos cortos, en grupos de cuatro. *Opalina ranarum* es un comensal del recto de las ranas y se nutre por osmotrofia. Los Coanoflagelados presentan un solo flagelo, largo, rodeado por un embudo gelatinoso denominado *coana*. Son libres y viven adheridos al sustrato por un pedúnculo, en ambientes tanto marinos como de agua dulce. Algunos de ellos (*Salpingoeca*) (fig. 34a) presentan una teca quitinoide permanente. Se nutren por fagotrofia de partículas sólidas que atraen al interior de la coana mediante el flagelo.

enfermedades que producen. *Trypanosoma gambiense* (fig. 34b) es transmitido por la mosca tsé-tsé (*Glossina palpalis*) y produce la enfermedad del sueño en el hombre. Vive en el líquido cefalorraquídeo. *T. brucei* se propaga a través de *Glossina morsitans* y tiene el mismo efecto que el anterior sobre el ganado que no es inmune. *T. equiperdum* es el responsable de la sífilis de los caballos y se transmite durante el coito. Al género *Leishmania* se le atribuyen el kala-azar y el botón de Oriente.

Todos los tripanosómidos presentan un solo flagelo, que, en algunos, forma una membrana ondulante. Los Parabasálidos presentan un corpúsculo muy particular (*cuerpo parabasal*). El grupo comprende varios órdenes; destacan los Tricomonadinos, generalmente con pocos flagelos, en número

son de gran tamaño; son simbiontes intestinales de los insectos; viven en los termes, que pueden digerir la celulosa de la madera gracias a las vacuolas digestivas que forman; *Calonympha* (fig. 34d) y *Synderella* son dos géneros típicos. Los Hipermastiginos tienen un solo núcleo, que a veces puede ser de tipo *policarión*. Viven generalmente como comensales del intestino de las cucarachas; *Lophomonas blattarum* presenta numerosos flagelos, dispuestos en grupos de cuatro.

Rizópodos

Son los protozoos que en estado vegetativo no presentan nunca flagelos, pero pueden emitir seudópodos, que según la morfología pueden diferenciarse en lobopodios (forma roma), rizopodios (filamentosos), filopodios (lineales) y axopodios (provistos de axonema). En el grupo se incluyen varios tipos.

Tipo Rizópodos (= Ameboideos)

Presentan filopodios o lobopodios. Pueden tener teca o no; cuando ésta se presenta, puede ser de naturaleza calcárea, silícica, quitinoide o detrítica.

separados por una cápsula interna quitinoide perforada. Pueden ser muy grandes (hasta 300 micras), ya que presentan muchos núcleos. En las formas más evolucionadas aparecen elementos esqueléticos (*espículas*) que pueden llegar a soldarse formando un caparazón. Se conocen fósiles desde la

Era Primaria, y su acúmulo ha servido para formar una roca denominada trípoli. Se nutren por fagocitosis y pueden reproducirse sexual y asexualmente. Los Acantarios son también marinos y se suponen de origen próximo a los Radiolarios. Se diferencian de ellos por presentar esqueleto de sulfato de

35 *Rizópodos.*

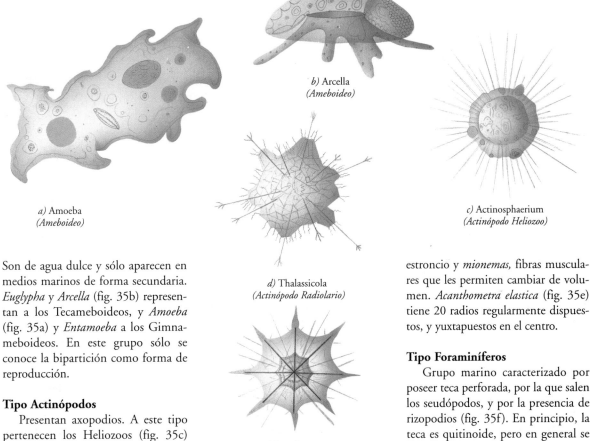

a) Amoeba
(Ameboideo)

b) Arcella
(Ameboideo)

c) Actinosphaerium
(Actinópodo Heliozoo)

d) Thalassicola
(Actinópodo Radiolario)

e) Acanthometra
(Actinópodo Acantario)

f) Elphidium
(Foraminífero)

Son de agua dulce y sólo aparecen en medios marinos de forma secundaria. *Euglypha* y *Arcella* (fig. 35b) representan a los Tecameboideos, y *Amoeba* (fig. 35a) y *Entamoeba* a los Gimnameboideos. En este grupo sólo se conoce la bipartición como forma de reproducción.

Tipo Actinópodos

Presentan axopodios. A este tipo pertenecen los Heliozoos (fig. 35c) (animales sol), esféricos y de aspecto radiado; emiten filopodios para capturar el alimento. Tamaño superior a 100 micras, ya que pueden presentar varios núcleos. Citoplasma dividido en dos regiones: *ectoplasma,* vacuolar, y *endoplasma,* gelatinoso. Los Heliozoos son originarios de aguas dulces. Los Radiolarios (fig. 35d) son un grupo enteramente marino de cuerpo esférico con endoplasma y ectoplasma

estroncio y *mionemas,* fibras musculares que les permiten cambiar de volumen. *Acanthometra elastica* (fig. 35e) tiene 20 radios regularmente dispuestos, y yuxtapuestos en el centro.

Tipo Foraminíferos

Grupo marino caracterizado por poseer teca perforada, por la que salen los seudópodos, y por la presencia de rizopodios (fig. 35f). En principio, la teca es quitinoide, pero en general se recubre de carbonato cálcico. Por lo común se presentan como polienérgidas, en las que cada *enérgida* ocupa una cámara, por lo que se llega a las formas *politálamas.* Son formas plasmodiales. El acúmulo de los caparazones en el fondo del mar ha dado lugar a estratos calizos. Se nutren por fagocitosis. Se reproducen sexual y asexualmente. Presentan ciclo biológico diplohaplonte (fig. 8).

Esporozoos

Los Esporozoos son un grupo de Protozoos muy heterogéneo, enteramente parásito, con ciclos biológicos complicados en los que se alternan unas fases ágamas con otras gámicas. Las esporas son los elementos característicos de estos organismos, y son generalmente estructuras complejas que están integradas por varias células diferenciadas.

diomorfos son parásitos intracelulares que pueden tener uno o dos huéspedes, que generalmente son insectos (huésped intermediario) y vertebrados (huésped definitivo). A esta clase pertenecen *Eimeria perforans,* que causa la coccidiosis de los conejos, y el género *Plasmodium,* con diferentes especies causantes de paludismo: *P. vivax* produce fiebre cada tres días (fiebres tercia-

mosquito del género *Anopheles* y el organismo humano.

A grandes rasgos, transcurre de la forma siguiente: el ciclo ágamo o esquizogónico se da en el interior de los glóbulos rojos humanos; el *esporozoíto,* productor de esporas, invade los hematíes, los parasita y se divide en su interior, y da lugar a ocho células que

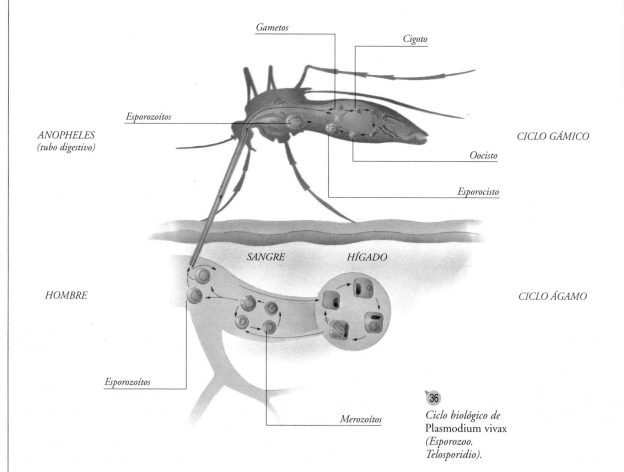

Gametos

Cigoto

Esporozoítos

ANOPHELES
(tubo digestivo)

CICLO GÁMICO

Oocisto

Esporocisto

SANGRE   HÍGADO

HOMBRE

CICLO ÁGAMO

Esporozoítos

36

Merozoítos

Ciclo biológico de Plasmodium vivax *(Esporozoo. Telosporidio).*

Tipo Apicomplejos (= Telosporidios = Esporozoos)

Son los Esporozoos típicos. Presentan formación de esporas, previa fecundación de gametos, al final del ciclo biológico, cuando ya han aparecido muchas generaciones ágamas. De aquí el nombre de Telosporidios, que significa «esporas lejanas». Los Cocci-

nas) coincidiendo con el final de la fase ágama (esporogónica) del ciclo, al liberarse las toxinas del interior de los hematíes donde vive; *P. falciparum* produce fiebre cotidiana y *P. malariae,* cada cuatro días (fiebres cuartanas).

El ciclo biológico de *P. vivax* se da en el interior de dos huéspedes, un

quedan en libertad al romperse el hematíe, liberándose al mismo tiempo toxinas que causan los accesos febriles. Estas células van en busca de otro glóbulo rojo y empiezan el ciclo que, en el caso de *P. vivax,* dura tres días (fig. 36). Después de darse el ciclo ágamo, numerosas veces se produce la meiosis en las células hijas que salen del glóbulo rojo, y se originan gametos (microgametos y macrogametos) que sólo pueden conjugarse en el tubo digestivo de un mosquito. Aquí se inicia el ciclo gámico o esporogónico. Así pues, cuando *Anopheles* pica al hombre, introduce los gametos en su tubo digestivo y allí se produce la fecundación, originándose un cigoto (*oocineto*) que atraviesa la pared

llegar una espora al intestino de la cucaracha, lo invade y da lugar al organismo adulto, que muestra dos partes diferenciadas: el *protomeridio*, que es la que se fija a las células intestinales, y el *deutomeridio*, que contiene el núcleo y las sustancias nutritivas. Ambas partes están separadas por una especie de tabique citoplasmático. A partir del deutomeridio se forman,

por división, cadenas lineales de individuos que se van desprendiendo e invaden nuevas células intestinales. Este fenómeno constituye la fase ágama del ciclo. La fase gámica empieza en el momento en que un individuo sufre la meiosis: se forman gametos que se conjugan y dan lugar a esporas (*seudonavicelas*) encapsuladas, que a su vez se liberan por la destrucción de

37

Gregarina (*Gregarinimorfo*) *Esporozoo. Telosporidio.*

38

Neosporidios. Espora de un Cnidosporidio.

39

Visión a través del microscopio óptico de Plasmodium *(color violáceo) en el interior de glóbulos rojos (color gris).*

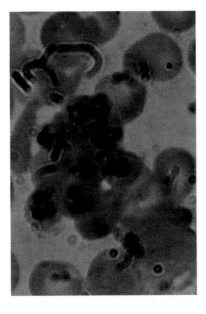

intestinal y se enquista, dando lugar al *oocisto*. A partir de este estado empiezan a dividirse los núcleos y se forma el esporocisto, que, por división, da lugar a las esporas. Éstas, a su vez, originan los esporozoítos, en número de ocho por espora y que presentan forma de roseta. Al quedar libres, los esporozoítos van a buscar las glándulas salivales del mosquito y quedan en disposición de ser inoculados al hombre al picarle el mosquito, empezando de nuevo la fase ágama.

Los Gregarinimorfos son parásitos o comensales del intestino de invertebrados y artrópodos. *Gregarina blattarum* (fig. 37) sirve de ejemplo. Vive en el intestino de las cucarachas. Al

la cápsula por los jugos gástricos del huésped, y con ello empieza la fase ágama.

Tipo Cnidosporidios

Son los denominados Neosporidios, ya que las esporas se forman tan pronto como se produce la infección del huésped. Presentan esporas muy características (fig. 38), formadas por varias células, con un dispositivo que se dispara para abrir paso al protozoo hacia el interior de las células del huésped, generalmente un pez y, en ocasiones, un insecto. *Myxobolus pfeifferi* ataca a los peces de agua dulce y *Nosema bombici* es parásito del gusano de seda, al que provoca la afección denominada pebrina.

Micetozoos. Cilióforos

Micetozoos

Se trata de organismos afines a los hongos, pues presentan esporangios que dan lugar a esporas, pero se diferencian de ellos por mostrar gametos flagelados en alguna fase de su ciclo. Forman un tipo único.

que pueden calcificarse y dan lugar al _capilicio._ Las esporas, en su interior, salen al existir condiciones favorables y presentan conos. Por divisiones sucesivas dan lugar al plasmodio, y de este modo se cierra el ciclo (fig. 40). En ocasiones, la espora recién desprendida sufre la meiosis y da lugar a

no toda la membrana. Los Cilióforos constituyen un tipo único, con dos clases.

Tipo Cilióforos

En este grupo quedan incluidos los Ciliados y los Suctores; se diferencian entre sí en que los primeros pre-

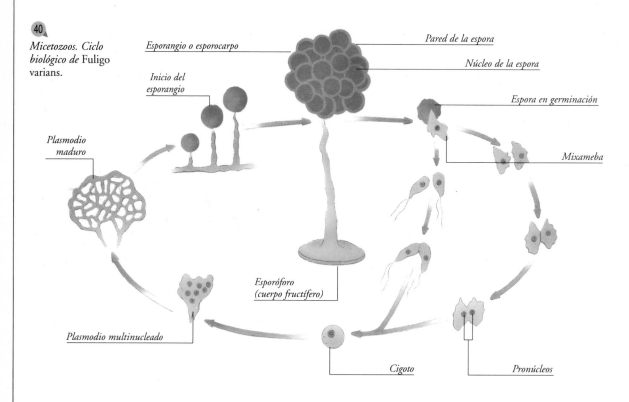

40

Micetozoos. Ciclo biológico de Fuligo varians.

Esporangio o esporocarpo

Inicio del esporangio

Plasmodio maduro

Pared de la espora

Núcleo de la espora

Espora en germinación

Mixameba

Esporóforo (cuerpo fructífero)

Plasmodio multinucleado

Cigoto

Pronúcleos

Tipo Micetozoos (= Mixomicetes)

Son plasmodiales, formando plasmodios que pueden llegar a varios centímetros. Presentan unas fibras que ponen el núcleo en combinación constante con el centrosoma; el conjunto se denomina cono. _Fuligo varians_ (moho de las tenerías) es un representante típico del grupo. El plasmodio presenta gran número de núcleos, que no tienen cono en esta fase. El ciclo biológico se inicia al empezarse a estrangular y desprender del plasmodio _propágulos_ que dan lugar a _esporangios._ Éstos se rodean de dos capas quitinoides independientes

gametos que se conjugan con otros para generar cigotos diploides, que al dividirse originan el plasmodio.

Cilióforos

Grupo de Protozoos caracterizados por presentar cilios y dualidad nuclear (macronúcleo y micronúcleo). El macronúcleo regula las funciones de nutrición y el micronúcleo se ocupa de los fenómenos de sexualidad, muy particulares en este grupo y bien conocidos en los Ciliados, aunque no en los Suctores. Los cilios pueden ser iguales o diferentes entre sí y cubrir o

sentan cilios en estado adulto, mientras que los segundos sólo los tienen en la fase juvenil. Los Ciliados presentan películas que les dan forma propia y carecen siempre de formaciones externas, tales como tecas o caparazones. Se nutren por fagotrofia, con poros especializados en la captación de alimento (_citostoma_). La digestión es vacuolar y los restos de la digestión se expulsan por los _citoproctos,_ poros permanentes o transitorios.

Los Ciliados presentan un desplazamiento rápido debido al movimiento de los cilios. En ocasiones se obser-

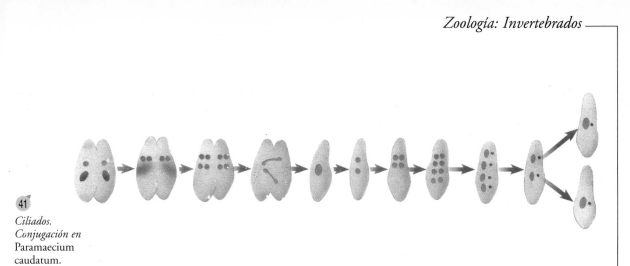

41

Ciliados.
Conjugación en
Paramaecium
caudatum.

van los *tricocistos,* que son unas vesículas que contienen productos que se solidifican al vaciarse, dando lugar a los *triquitos.* La clase de los Ciliados engloba numerosos grupos que se diferencian entre sí por la disposición del *estoma* y el tipo de cilios. Los Aspirostomados presentan estoma apical o lateral y ciliación *holotrica* (todos los cilios iguales y dispuestos regularmente). Como ejemplo típico puede citarse *Paramaecium* (fig. 42c), cuya reproducción es asexual por bipartición y presenta fenómenos de sexualidad (conjugación) muy conspicuos (fig.

41). *Stylonichia* (fig. 42d) presenta *cirros,* que son agrupaciones de cilios que se utilizan a modo de patas en el desplazamiento. Los Espirostomados tienen estoma apical y coronas de cilios en espiral en el área peristomática. *Stentor* (fig. 42a) es de agua dulce, de gran tamaño (alrededor de 1 mm), y es una polienérgida. Aparte de la corona de cilios, se distinguen cilios en toda su superficie, de tamaño algo menor. *Vorticella* (fig. 42b), también de agua dulce, sólo tiene cilios en el campo peristomático. Presenta un pedúnculo contráctil que le permite fi-

jarse. Forma asociaciones de individuos. Los Ciliados se denominan también Infusorios porque se localizan en infusiones.

Los Suctores derivan de los Ciliados, pero carecen de cilios en estado adulto. Su nombre hace referencia a que presentan prolongaciones suctoras para capturar las presas. Generalmente son fijos. *Acineta* (fig. 42e) presenta reproducción por gemación y es individual, mientras que otros géneros son coloniales *(Dendrosoma).*

42 *Cilióforos.*

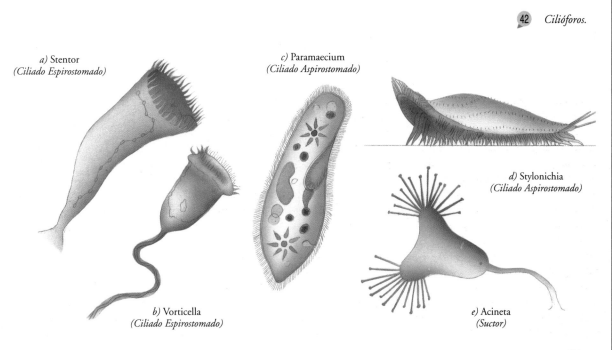

a) Stentor
(Ciliado Espirostomado)

c) Paramaecium
(Ciliado Aspirostomado)

d) Stylonichia
(Ciliado Aspirostomado)

b) Vorticella
(Ciliado Espirostomado)

e) Acineta
(Suctor)

Características generales. Esponjas

Metazoo es todo animal cuyo cuerpo está formado por células somáticas (2n) y células germinales (n), a causa de la meiosis, lo que implica que dichas ciales del grupo, los *coanocitos,* flageladas, en forma de embudo y con un collar gelatinoso (fig. 43). La misión de los coanocitos es la captura de alimentos mediante digestión vacuolar. rulas... (fig. 44). Existe otro tipo de esqueleto interno formado por una fibra orgánica, la *espongina,* cuyos filamentos integran una trama. Las Esponjas presentan reproducción asexual y

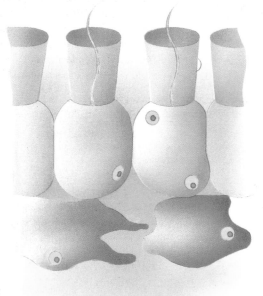

43

Detalle de los coanocitos.

44

Diferentes tipos de espículas.

células han perdido la totipotencia y han sufrido especialización. Los Diblásticos son metazoos que en estado adulto presentan estructura de gástrula. Pertenecen a este grupo las Esponjas y los Celentéreos (Cnidarios y Ctenóforos).

Tipo Esponjas

Las Esponjas son metazoos diblásticos provistos de mesoglea, cuyas células están imperfectamente dispuestas en tejidos. Carecen de cavidad digestiva y de elementos nerviosos y musculares diferenciados. Su cuerpo tiene simetría, si la hay, radial, generalmente en forma de urna con las paredes perforadas por poros (inhalantes) que llevan a una cavidad interior, el *espongiocele.* Esta cavidad se halla revestida por unas células espe-

La salida del agua que entra por los poros inhalantes se realiza por un orificio mayor, el *ósculo,* que se encuentra en la parte superior. El agua que entra por los poros inhalantes y sale por el ósculo aporta oxígeno y alimento, y elimina las sustancias de desecho procedentes de los procesos metabólicos. Entre la epidermis y la capa de coanocitos se encuentra la mesoglea, que contiene *amebocitos* (células libres de varias clases) y *espículas* (que forman el esqueleto interno). Las espículas son acúmulos minerales formados por carbonato cálcico en las Esponjas calcáreas y por sílice en las silíceas; tienen tamaños y formas diferentes: por tamaño se distinguen las macroscleras y las microscleras, y por forma, las monaxónicas, las triaxónicas (según el número de ejes), los ásteres, las esfé-

sexual. La asexual es por gemación; cabe destacar que todas las de agua dulce presentan yemas internas, gémulas, que permiten a la especie subsistir en época desfavorable. También se dan fenómenos de regeneración. En la reproducción sexual, los gametos se desarrollan en una parte determinada o en todo el cuerpo, pero nunca existen verdaderas gónadas. La fecundación suele ser interna: los espermatozoides entran en las cámaras flageladas y son transportados por los coanocitos hacia el óvulo. Aunque hay especies dioicas y monoicas, nunca existe dimorfismo sexual. El desarrollo es siempre indirecto, por medio de la larva *anfiblástula* (Esponjas calcáreas) o de la *parenquímula* (Esponjas no calcáreas). Debido a la complicada estructura de conductos de las Espon-

a) Asconoide

b) Siconoide

c) Leuconoide

45

Tipos de organización.

aguas someras hasta profundidades de 6 000 m. Son todas marinas, excepto una familia que es de agua dulce. Son ejemplos de Esponjas *Euspongia* (esponja de tocador), *Hipospongia* (utilizada para el aseo de los caballos) y *Euplectella* (regadera de Filipinas). La clasificación se realiza atendiendo a la forma y constitución de los elementos esqueléticos:

jas, se distinguen tres tipos de organización:

Asconoide. Es el más simple. La pared del cuerpo está perforada por poros rectos y cortos que llevan al espongiocele, que está tapizado de coanocitos. Es la organización que presenta *Ascon* (fig. 45a).

Siconoide. Además de los poros rectos presenta también conductos radiales, y son éstos los únicos tapizados de coanocitos. Este tipo de organización corresponde a una agrupación de estructuras asconoides. Es ejemplo típico *Sycon* (fig. 45b).

Leuconoide. El sistema de conductos es muy complejo y los coanocitos se limitan a pequeñas cámaras esféricas. Es una agrupación de estructuras siconoides. Ejemplo de este tipo de organización es *Leucon* (fig. 45c).

Las Esponjas en estado adulto son bentónicas, y sólo las larvas se presentan libres. Pueden encontrarse solas o bien formando colonias. No tienen forma definida, aunque se distinguen: las incrustantes (recubren objetos), las masivas (forma de urna) y las arbóreas (como las ramas de las plantas). Pueden vivir sobre rocas, conchas o cualquier objeto sumergido. Su tamaño oscila entre 1 mm y 2 m, son de colorido variado y se encuentran desde

Clase	Subclase	Características
CALCÁREAS		Con espículas calcáreas monoaxónicas
HEXACTINÉLIDAS		Espículas silíceas hexarradiadas
DEMOSPONJAS		Esqueleto de espículas silíceas, de espongina, de ambas o sin esqueleto. Las espículas, si las hay, nunca son hexarradiadas
	TETRACTINÉLIDAS	Sin espongina. Las espículas, si las hay, son tetraxónicas
	MONOAXÓNICAS	Espículas monoaxónicas. Algunas también poseen espongina
	CÓRNEAS (queratosas)	Esqueleto formado por fibras de espongina

Sycon raphanus

Axinella verrucosa

Euplectella aspergioides *(Regadera de Filipinas)*

Tethya auratium

Euspongia officinalis *(Esponja de tocador)*

46

Algunas esponjas comunes.

Celentéreos

Tipo Cnidarios

Los Cnidarios son metazoos diblásticos en los que ya se observan elementos musculares y nerviosos diferenciados y una verdadera cavidad digestiva. El cuerpo presenta dos capas de células correspondientes al tría radial. El nombre de Cnidarios se debe a que presentan unas células características que no aparecen en otros grupos, los *cnidoblastos* o *nematocistos*, que contienen un líquido urticante con efectos paralizantes; también presentan un *cnidocilio*, que hace les se originan por gemación, y se distinguen dos tipos, según que los individuos que las constituyen sean iguales o realicen diferentes funciones.

Medusas. Son formas móviles, *pelágicas.* Poseen un cuerpo gelatinoso

47 ▶

Esquema de un cnidoblasto.

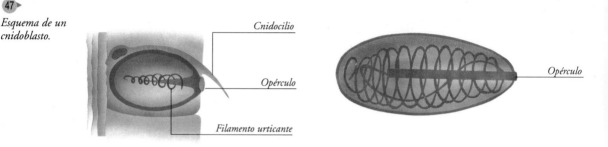

Cnidocilio

Opérculo

Opérculo

Filamento urticante

endodermo y al ectodermo, en medio de las cuales se encuentra la mesoglea; se considera, pues, que su organización es de tipo gástrula. Tienen simelas veces de gatillo, ya que dispara el cnidoblasto (fig. 47). La boca está rodeada de tentáculos blandos y la cavidad digestiva tiene forma de saco. No presentan ano. Carecen de sangre, y de órganos respiratorios y excretores. Pueden tener esqueleto calizo y fibras musculares en los epitelios. El sistema nervioso está representado por una red de células nerviosas, que en ningún caso llegan a constituir un sistema nervioso central. En algunos individuos se aprecian manchas oculares o estatocistos.

Los individuos pueden presentarse en solitario o formar colonias, y son de dos tipos:

Pólipos. Es la forma de organización más primitiva y sencilla. Son sésiles, de cuerpo tubular, con un extremo cerrado, abriéndose en el otro la boca rodeada de tentáculos (fig. 48a). Se distingue entre *hidropólipos* y *antopólipos,* según presenten o no septos que dividen internamente el pólipo en cámaras. Ejemplo de pólipo es la hidra de agua dulce (*Hydra*) (fig. 11b). Las formas coloniaen forma de sombrilla (*umbrela*) con tentáculos en el borde y rodeando la boca, que se halla situada en un saliente de la superficie cóncava denominado *manubrio* (fig. 48B). Se diferencian las *hidromedusas,* provistas de velo (repliegue cuya misión es llenar y vaciar de agua la medusa con el fin de que ésta progrese), y las *escifomedusas,* con umbrela aplanada, mayor número de tentáculos y sin velo.

La reproducción de los Cnidarios puede ser asexual, por gemación (formación de colonias de tipo polipoide), o sexual, por gametos. En el caso de la reproducción sexual suele presentarse una alternancia de generaciones: hay una fase asexual por gemación en la fase fija (pólipo) y una reproducción sexual por gametos en la fase libre (medusa) (fig. 49); sin embargo, en muchas especies falta uno u otro tipo de organización. En las formas medusoides, las gónadas suelen ser simples, endo o ectodérmicas, pero nunca hay conductos diferenciados. Los individuos pueden ser monoicos o dioicos. La larva que se origina tras la fecundación es ciliada y

48 ◗

Tipos de organización.

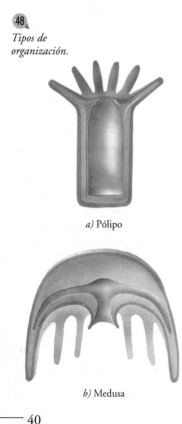

a) Pólipo

b) Medusa

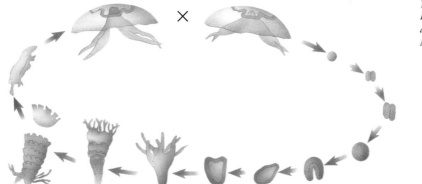

50
*Diferentes
Cnidarios.*

Hydra

Anémona

Actinia

Cerianthus

Pelagia

Corallium

Physalia

Eunicella

se denomina *plánula*. También presentan fenómenos de regeneración.

Los Cnidarios son de origen marino, aunque hay algunos de agua dulce. El tamaño difiere según las variedades: los pólipos suelen ser microscópicos; las medusas van de 12 mm a 2 m de diámetro, y sus tentáculos alcanzan los 10 m de longitud; las anémonas oscilan entre unos milímetros y 1 m de diámetro. Tanto las anémonas como los corales son pólipos marinos en forma de flor que carecen de forma medusoide. Son a su vez el único grupo con importancia económica. Los corales del orden Madreporarios son los principales responsables de la formación de los arrecifes, que configuran un ecosistema especial característico de aguas cálidas. Los Cnidarios se nutren, principalmente, de pequeños invertebrados, a los que paralizan con los nematocistos y se introducen en la boca por medio de los tentáculos. Según la organización, el tipo Cnidarios se divide en:

Clase	Características
Hidrozoos	Hidropólipos e hidromedusas
Escifozoos	Escifomedusas
Antozoos	Antopólipos

Características generales. Cierre blastopórico

 Se consideran Triblásticos aquellos metazoos que poseen mesodermo y, por lo tanto, celoma. Esta última característica propicia el que también se les dé el nombre de Celomados. La formación de la tercera hoja embrionaria puede darse por enterocelia o esquizocelia, como se observa en la figura 10. En principio, el celoma se encarga, o participa, de numerosas funciones, entre las que destacan:

Función mecánica. Se debe a la presencia, en mayor o menor grado, de

líquido plasmático o celomático en el interior del celoma. Por ello se le atribuye una función de sostén.

Función trófica. El líquido celomático contiene partículas nutricias y células ameboides diversas que poseen gran valor de fagocitosis. Un ejemplo típico de estos fagocitos lo constituyen las células plasmáticas. Así pues, el celoma actúa como *trofocele.*

Función nefrocélica. En el celoma existe una importante actividad de fagocitosis de productos de desecho, a cargo de los nefrocitos. El celoma actúa en este caso como *nefrocele.*

Función gonocélica. Las gónadas son modificaciones de la capa mesodérmica y, en los animales con organización más simple, que no presentan

conductos accesorios, los gametos se depositan en la cavidad celomática; el celoma actúa a modo de *gonocele.*

Otra de las características típicas de los Triblásticos es la formación del tubo digestivo. La cavidad digestiva se convierte en un tubo con dos orificios que reciben el nombre de boca y ano. El modo de formación de la boca determina dos grupos diferentes de Triblásticos. En un caso, la boca es un resto del blastoporo (*protostomia*) y los animales que lo presentan son los *protóstomos.* En el segundo caso, la boca es de nueva formación (*deuterostomia*), lo que da lugar a los *deuteróstomos.* Así pues, la protostomia y la deuterostomia están muy relacionadas con el cierre blastopórico. Son protóstomos típicos los Anélidos, los Artrópodos y los Moluscos, mientras que los Equi-

51

Gastrorrafia.
Nótese la
disposición de los
elementos nerviosos.

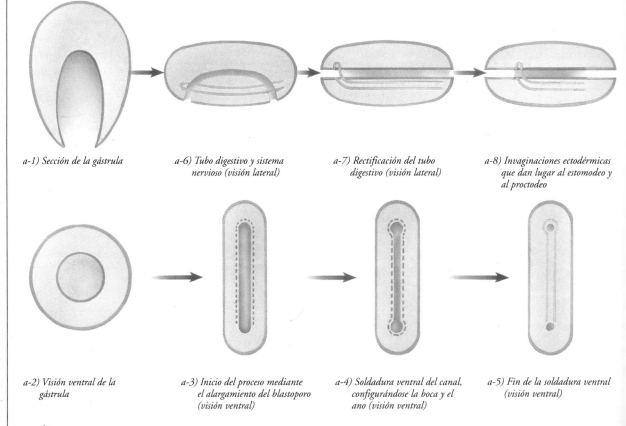

a-1) *Sección de la gástrula*

a-6) *Tubo digestivo y sistema nervioso (visión lateral)*

a-7) *Rectificación del tubo digestivo (visión lateral)*

a-8) *Invaginaciones ectodérmicas que dan lugar al estomodeo y al proctodeo*

a-2) *Visión ventral de la gástrula*

a-3) *Inicio del proceso mediante el alargamiento del blastoporo (visión ventral)*

a-4) *Soldadura ventral del canal, configurándose la boca y el ano (visión ventral)*

a-5) *Fin de la soldadura ventral (visión ventral)*

nodermos son un claro ejemplo de deuteróstomos.

Los procesos de cierre blastopórico presentes en los invertebrados son la *gastrorrafia* y la *isoquilia.* La nototenia es exclusiva de los Cordados.

Gastrorrafia. Puede sintetizarse de la siguiente manera: se alarga uno de los planos del embrión y el orificio blastopórico pasa a ser una ranura, adquiriendo simetría bilateral. Posteriormente queda una sutura (*rafe*) en posición ventral. Al soldarse la sutura quedan formados los orificios de la boca y el ano, que son, por tanto, restos del blastoporo. El proceso continúa con un mayor crecimiento de la cara ventral respecto a la dorsal, rectificándose la posición del tubo digestivo, cuyas aberturas (boca y ano) pasan a situarse

en posición apical. Finalmente, se produce una invaginación del ectodermo que da lugar al *estomodeo* (cavidad bucal) y al *proctodeo* (recto) (fig. 51).

La gastrorrafia se relaciona íntimamente con la protostomia y también con la disposición del sistema nervioso, que en este caso es ventral (*hiponeuria*).

Todos los *protóstomos* presentan segmentación espiral del huevo, por lo que también se denominan espirales.

Isoquilia. A lo largo de este proceso no hay alargamiento del embrión, sino que se forma un surco en el polo superior de la gástrula que se pone en comunicación con el *énteron,* que deriva del arquénteron. El blastoporo únicamente da lugar al ano, puesto

que la boca es de nueva formación. La isoquilia es propia de los deuteróstomos, que presentan disposición circular del sistema nervioso alrededor del tubo digestivo (*cicloneuria*). A su vez, tienen segmentación radial del huevo, por lo que suelen denominarse radiales. Los caracteres que acompañan a la gastrorrafia y a la isoquilia, en ocasiones pueden no presentarse. Existen determinados protóstomos en que no hay gastrorrafia (*Gordius, Eunice kobiensis*). Por el contrario, existen representantes de deuteróstomos con segmentación espiral (*Phoronopsis viridis*) e incluso con formación del mesodermo por esquizocelia. Todo ello no invalida en absoluto la diferenciación entre protóstomos y deuteróstomos; las formas que presentan caracteres intermedios constituyen excepciones de alto valor filogenético (fig. 52).

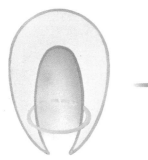

b-1) Sección sagital de la gástrula

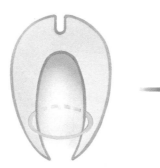

b-2) Inicio de la invaginación del polo superior

b-3) Abertura de la boca

b-4) Visión ventral de la gástrula

b-5) Visión ventral en la que se distingue el ano

52

*Isoquilia.
Obsérvense las características del sistema nervioso.*

Anélidos (I): Características generales. Clase Poliquetos

Tipo Anélidos

Los Anélidos son metazoos protóstomos de aspecto vermiforme, con un cuerpo compuesto por numerosos segmentos semejantes que presentan forma de anillo y se denominan *somitos*; la segmentación es tanto externa como interna. El cuerpo, alargado, presenta simetría bilateral y se distinguen en él tres partes fundamentales: *prosoma* (región cefálica), *metasoma* (región intermedia) y *opistosoma* (región posterior). Es de resaltar que la metamerización comienza a partir de la separación del prosoma y el opistosoma; la longitud del metasoma aumenta a medida que crece el número de anillos.

El cuerpo está cubierto por una cutícula húmeda y delgada que con-

mado por dos nefridios por somito. El sistema nervioso consta de un par de ganglios cerebroides y conectivos que llevan a dos comisuras nerviosas ventrales, las cuales recorren todo el cuerpo y presentan un ganglio y dos nervios laterales por somito (sistema nervioso en escalera de cuerda). Como órganos de los sentidos cuentan con órganos del tacto, del gusto y de percepción de la luz. Son monoicos o dioicos, y de desarrollo directo o indirecto según los grupos; algunos de ellos se reproducen asexualmente por gemación.

Filogenéticamente, los Anélidos están cerca de los Moluscos y los Artrópodos; la clase Onicóforos del tipo Artrópodos es considerada un intermedio entre éstos y los Anélidos.

Los Anélidos presentan un tamaño que oscila entre 1 mm y 2 m (lombrices de tierra gigantes de Brasil o de Australia). Son marinos, de agua dulce o, en caso de ser terrestres, viven en sitios húmedos. Los hay parásitos, comensales y de vida libre, y pueden vivir en galerías o tubos. Atendiendo principalmente al número de quetas, el tipo Anélidos se divide en:

Clase	Características
Poliquetos	Arenícolas o tubícolas con muchas quetas
Oligoquetos	Lombrices de tierra; pocas quetas
Hirudíneos	Sanguijuelas; carecen de quetas

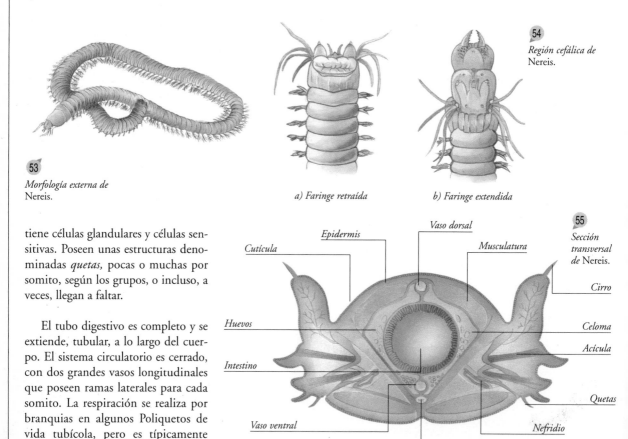

53

Morfología externa de Nereis.

a) Faringe retraída

b) Faringe extendida

54

Región cefálica de Nereis.

tiene células glandulares y células sensitivas. Poseen unas estructuras denominadas *quetas,* pocas o muchas por somito, según los grupos, o incluso, a veces, llegan a faltar.

El tubo digestivo es completo y se extiende, tubular, a lo largo del cuerpo. El sistema circulatorio es cerrado, con dos grandes vasos longitudinales que poseen ramas laterales para cada somito. La respiración se realiza por branquias en algunos Poliquetos de vida tubícola, pero es típicamente cutánea. El sistema excretor está for-

55

Sección transversal de Nereis.

Vaso dorsal

Musculatura

Epidermis

Cutícula

Cirro

Huevos

Celoma

Acícula

Intestino

Quetas

Vaso ventral

Nefridio

Cordón nervioso

Clase Poliquetos

Son Anélidos que presentan cabeza diferenciada, provista de órganos sensoriales, y numerosas quetas insertas en *parápodos* (expansiones carnosas laterales) que tienen en su interior una queta mayor, denominada *acícula,* que sirve de esqueleto. Los parápodos únicamente se encuentran en el metasoma y son lobulados, de forma que el lóbulo superior se denomina *notópodo* y el inferior, *neurópodo;* ambos lóbulos pueden ser iguales o, por el contrario, presentar distinto desarrollo. Las quetas pueden tener diferentes formas. Como ejemplo típico de este grupo se tomará el género *Nereis* (figs. 53 a 56), un poliqueto marino clásico.

Su cuerpo, de color variable, está compuesto por 200 o más somitos (fig. 53), de los cuales los dos primeros forman una cabeza diferenciada con un par de antenas, un par de palpos y dos pares de ojos, así como 4 pares de tentáculos alrededor de la boca (fig. 54a). En la parte lateral de cada somito existe un parápodo bilobulado con dos acículas interiores y un *cirro,* y un haz de sedas en la parte externa semejantes a las quetas, a excepción del último somito, que presenta dos cirros sensoriales al lado del orificio anal.

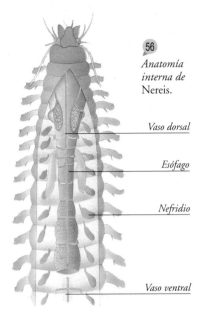

56

Anatomía interna de Nereis.

Vaso dorsal

Esófago

Nefridio

Vaso ventral

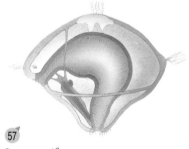

57

Larva trocófora.

El cuerpo está cubierto por una cutícula que, a su vez, recubre la epidermis. La musculatura consta de estratos circular, longitudinal y obli-

cuo en todos los somitos salvo en la cabeza, que está provista de musculatura especial. Interiormente, *Nereis* posee una cavidad celómica dividida en septos que separan los somitos, y tres *mesenterios* (medio, dorsal y ventral) entre la pared del cuerpo y el tubo digestivo que dividen el celoma de cada somito (fig. 55).

El tubo digestivo es recto, con mandíbulas provistas de dientes córneos y faringe evaginable (fig. 54b); existen dos glándulas digestivas que desembocan en el esófago. El aparato circulatorio es el típico, con dos grandes vasos longitudinales. La respiración, cutánea. La excreción se realiza por nefridios ciliados. El sistema nervioso es en escalera de cuerda, con cerebro diferenciado.

Son dioicos y presentan gónadas únicamente en la estación reproductora. Las células sexuales salen al exterior por la desembocadura de los nefridios o reventando la pared del cuerpo. La fecundación es externa y el desarrollo, indirecto, por medio de una larva *trocófora* (fig. 57). *Nereis* vive cerca de la línea de marea baja; se esconde de día bajo las piedras o en galerías, y sale de noche. Se alimenta de pequeños animales que atrapa con las mandíbulas. Puede alcanzar hasta 45 cm de longitud.

Syllis

Serpula

Arenicola

Sabella

58

Otros poliquetos.

Anélidos (II): Clase Oligoquetos

Clase Oligoquetos

Son Anélidos que presentan pocas quetas y que carecen de parápodos para su inserción. Como ejemplo típico de este grupo se describe la lombriz de tierra (*Lumbricus terrestris*).

Presentan un cuerpo cilíndrico y alargado, con un número de somitos que varía entre 100 y 200 y que son de forma uniforme, salvo en la madurez sexual. En dicha época sobresale el *clitelo,* abultamiento glandular que segrega una sustancia que forma cápsulas para alojar los huevos. La cabeza y el ano no están diferenciados, aunque el cuerpo se termina, en ambos lados, en punta roma. En todos los somitos, salvo en los dos terminales, existen cuatro pares de quetas, insertas en el lugar que correspondería a los parápodos.

El cuerpo aparece cubierto por una cutícula segregada por la epidermis, que posee numerosas glándulas secretoras de mucus, cuya misión es mantener la cutícula flexible. La musculatura está formada por un estrato circular y otro longitudinal. La cavidad del celoma está dividida por septos (en algunos somitos faltan o son incompletos), pero no aparecen mesenterios como en los Poliquetos.

El tubo digestivo es rectilíneo, con una cavidad bucal sin mandíbulas, tres pares de glándulas calcíferas que desembocan en el esófago, un buche y una molleja. En el intestino pueden desarrollarse invaginaciones dorsales (*tiflosolio*) que proporcionan mayor superficie de absorción. El exterior del intestino está cubierto de células cloragógenas, de color amarillento; contribuyen a la distribución de la grasa o a la eliminación de sustancias de desecho de la sangre. El sistema circulatorio es el típico. La respiración, cutánea, y para realizar esta función necesitan conservar la cutícula húmeda.

Todos los somitos, salvo los tres primeros y el último, poseen un par de nefridios. El sistema nervioso es más simple que en los Poliquetos: en la región cefálica sólo existe un pequeño engrosamiento a nivel del collar periesofágico, y los conectivos ventrales están tan próximos que parecen uno solo; en cada somito existen fibras sensitivas y fibras motoras. Carecen de órganos de los sentidos especializados. No obstante, hay grupos de células sensitivas por todo el cuerpo, cada una de las cuales posee una terminación en forma de cerda cuya misión es, básicamente, táctil. También existen células fotorreceptoras especiales sensibles a la intensidad lumínica, pero sin capacidad visual; generalmente tienen sensibilidad negativa a la luz.

En cuanto al sistema reproductor, son individuos hermafroditas, es decir, poseen gónadas femeninas y masculinas en el mismo individuo, pero son proterándricos, esto es, primero madura el sistema reproductor masculino. Sólo son fértiles los denominados segmentos genitales, en el caso de la lombriz de tierra, del IX al XV. El sistema reproductor masculino comprende dos pares de testículos y un embudo espermático que comunica con el vaso deferente y acaba en un poro masculino; testículos y embudo espermático están englobados en dos pares de vesículas seminales. El apara-

to reproductor femenino consta de un par de ovarios y dos embudos del oviducto que recogen los óvulos del celoma y acaban en dos oviductos; existen también dos pares de receptáculos seminales donde se almacenan los espermatozoides hasta que se necesiten para fecundar los óvulos (fig. 62). Puesto que hay oviductos y poro masculino, en este caso la salida de los gametos se lleva a cabo por gonoductos especiales que son independientes de los nefridios. La época de reproducción se sitúa con mayor intensidad en las temporadas cálidas y húmedas, aunque las lombrices pueden reproducirse prácticamente durante todo el

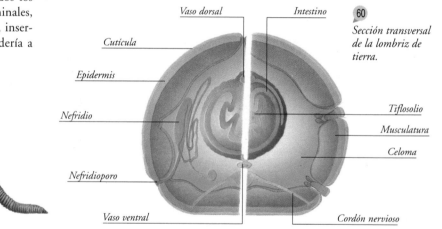

59

Morfología externa de la lombriz de tierra.

60

Sección transversal de la lombriz de tierra.

Vaso dorsal

Intestino

Cutícula

Epidermis

Nefridio

Tiflosolio

Musculatura

Celoma

Nefridioporo

Vaso ventral

Cordón nervioso

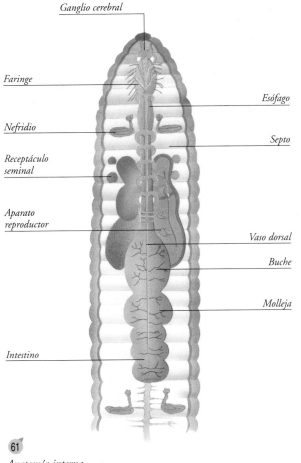

Ganglio cerebral

Faringe

Nefridio

Receptáculo
seminal

Aparato
reproductor

Intestino

Esófago

Septo

Vaso dorsal

Buche

Molleja

61

*Anatomía interna
de la lombriz de
tierra.*

La lombriz de tierra vive en suelos húmedos, en galerías que construye de forma característica y que pueden alcanzar los dos metros de profundidad; la tierra que excava pasa por su tubo digestivo, sale por el ano y es depositada en pequeños montículos típicos. Su tamaño puede llegar a los 30 cm de longitud y 1 cm de diámetro; puede regenerar el cuerpo completo si se secciona alguna de sus partes. Se alimenta de hojas y de otras sustancias vegetales, pero siempre por microfagia, ya que no posee mandíbulas. Las lombrices de tierra son utilizadas por el hombre como cebo

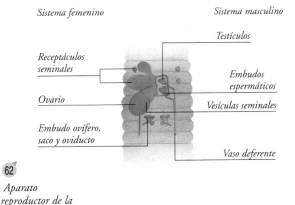

Sistema femenino

Sistema masculino

Testículos

Receptáculos
seminales

Ovario

Embudo ovífero,
saco y oviducto

Embudos
espermáticos

Vesículas seminales

Vaso deferente

62

*Aparato
reproductor de la
lombriz de tierra.*

año. La cópula dura unas dos horas y suele producirse de noche. Los individuos se yuxtaponen uniendo sus superficies ventrales con la cabeza dirigida en sentido opuesto; el contacto más íntimo se realiza entre las zonas del clitelo (fig. 63). Las lombrices se mantienen unidas gracias a la penetración de unas quetas especiales en el otro individuo y a la formación de un tubo viscoso alrededor de cada lombriz; también se forman unos surcos seminales por donde los espermatozoides de un individuo llegarán a los receptáculos seminales del otro y serán guardados hasta la maduración del aparato reproductor femenino. La

fecundación es interna y los huevos se guardan en unas cápsulas especiales (*ootecas*). El desarrollo es directo.

de pesca; además, se consideran beneficiosas, ya que su acción remueve y airea la tierra.

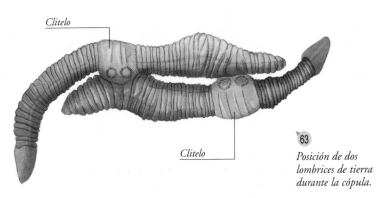

Clitelo

Clitelo

63

*Posición de dos
lombrices de tierra
durante la cópula.*

Anélidos (III): Clase Hirudíneos

Clase Hirudíneos

Comprende las típicas sanguijuelas, anélidos acuáticos o terrestres, depredadores o parásitos que carecen de quetas y poseen dos ventosas terminales.

Como representante típico de este grupo se toma la sanguijuela común (*Hirudo medicinalis*). Presenta el cuerpo cilíndrico. A la segmentación metamérica se une una falsa segmentación secundaria que afecta al tegumento, de forma que, en el caso de *Hirudo,* a cada metámero verdadero le corresponden 5 falsos anillos. El número de órganos segmentarios, por ejemplo el de ganglios, indica el número de segmentos verdaderos, que es, de forma constante, 34 (fig. 64).

El cuerpo se halla cubierto por una cutícula segregada por la epidermis, que contiene abundantes glándulas mucosas; bajo ella se encuentra la dermis, que contiene numerosos capilares sanguíneos y células pigmentadas. El sistema muscular comprende ban-

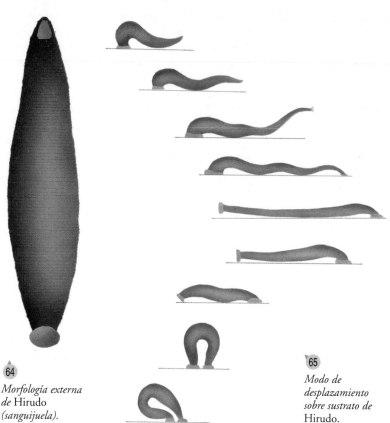

64
Morfología externa de Hirudo *(sanguijuela).*

65
Modo de desplazamiento sobre sustrato de Hirudo.

66
Sección transversal de Hirudo.

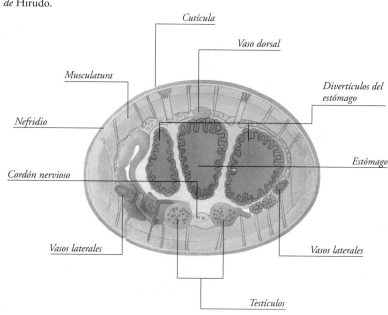

Cutícula
Vaso dorsal
Musculatura
Divertículos del estómago
Nefridio
Cordón nervioso
Estómago
Vasos laterales
Vasos laterales
Testículos

das circulares, oblicuas, longitudinales y dorsoventrales; permiten al individuo un especial modo de desplazamiento, por ondulación (nadar) o arqueando el cuerpo y utilizando las ventosas (fig. 65). El celoma se ve sensiblemente reducido a pequeñas cavidades o tubos denominados senos celomáticos, ya que la cavidad principal se encuentra ocupada por tejido parenquimático (fig. 66). De dichos senos celomáticos filtran los nefridios, y es en ellos donde se sitúan las gónadas y los vasos sanguíneos de mayor importancia.

El tubo digestivo comprende una boca con mandíbulas en forma de Y (fig. 67), que dejan una señal característica al clavarse; poseen dientes córneos y presentan en su base una musculatura muy fuerte. En la faringe desembocan las glándulas salivales, secretoras de un anticoagulante típico, la hirudina, que impide la coagulación de la sangre y los líquidos orgánicos succionados. Siguen un esófago corto y un buche largo, que presenta una serie de pares de ciegos (hasta 20 pares) que se utilizan como reservorio del alimento. El intestino es corto y viene seguido del recto y el ano; este último se abre al exterior por delante de la ventosa posterior.

El sistema circulatorio es semejante al de los Oligoquetos, con el vaso ventral dividido en dos y unos senos longitudinales (dorsal, ventral y lateral) con numerosas conexiones transversales. En algunos de estos senos hay contracciones que se utilizan para impulsar la sangre. La respiración es por vía tegumentaria, al igual que en los Oligoquetos, mediante una red de capilares situada debajo de la epidermis. La excreción se realiza por nefridios típicos dispuestos por pares metaméricos, normalmente en número de 17 pares. El sistema nervioso está muy desarrollado a la altura de la cadena ventral, pero reducido en el collar periesofágico; los dos conectivos están tan juntos que parecen uno solo. Cada ganglio emite varios pares de nervios, y todo el sistema está envuelto en una capa celomática. Como órganos de los sentidos presentan papilas táctiles, sobre todo en la cara dorsal y, generalmente, en el primer anillo de cada metámero; también cuentan con células gustativas en la boca, ojos secundarios en número de cinco pares en la región anterior, que no ven la luz directa sino la reflejada, y otros órganos sensoriales parecidos a ojos, que se denominan *sensilias,* en varios anillos.

Son individuos hermafroditas proterándricos. El aparato reproductor masculino consta de varios pares de testículos foliculares situados bajo el buche; los de cada lado se unen en un vaso deferente, y los poros masculinos se encuentran en uno solo. Poseen un pene situado dentro del poro genital masculino, en la línea media de la superficie ventral. El aparato reproductor femenino comprende dos ovarios y oviductos, donde desemboca una sola glándula del albumen, y una vagina que se abre inmediatamente detrás del poro masculino. Existe clitelo, pero es muy poco aparente. La reproducción se realiza durante los meses cálidos, la fecundación es recíproca, y los huevos, contenidos en ootecas, son depositados en el agua o en la tierra. El desarrollo es directo. *Hirudo* es de color marrón oscuro, vive en las aguas dulces y tiene un régimen alimentario de tipo *hematófago,* esto es, se alimenta de sangre. Normalmente mide unos 10 cm de longitud, pero puede alcanzar los 20 o 25 cm. Desde la Antigüedad se ha empleado en medicina para realizar sangrías, con

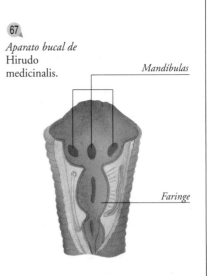

67

Aparato bucal de Hirudo medicinalis.

Mandíbulas

Faringe

el hipotético fin de desterrar del cuerpo los «malos humores», considerados como causantes de las enfermedades. Con este fin, en el siglo XIX eran criadas en lagunas, sobre todo en Francia, y desde Europa, de donde es originaria la especie, se exportaban incluso al este de Estados Unidos.

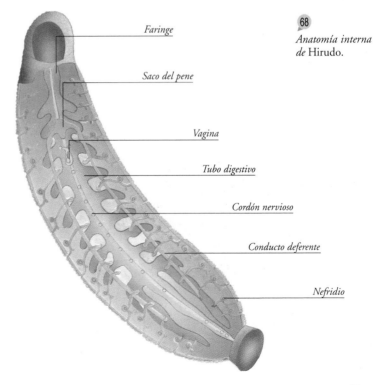

Faringe

Saco del pene

Vagina

Tubo digestivo

Cordón nervioso

Conducto deferente

Nefridio

68

Anatomía interna de Hirudo.

Artrópodos (I): Características generales y clasificación

Tipo Artrópodos

Los Artrópodos son metazoos protóstomos en los que el celoma ha quedado reducido a tres senos: pericárdico (engloba el corazón), perivisceral (rodea el intestino) y perineural (recubre el sistema nervioso); y han aparecido cavidades esquizocélicas (seudocelomáticas) por las que circula el medio interno (hemoceles) y que constituyen la cavidad general del cuerpo (fig. 69). Presentan metamerización *heterónoma* (segmentos de diferente tamaño y estructura); los segmentos se agrupan, debido al fenómeno de *tagmatización*, en unidades morfológicamente diferenciadas *(tagmas)* que

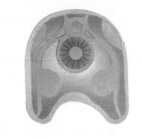

69

Sección transversal de un artrópodo que muestra la disposición de los senos por los que circula el medio interno

movimiento del animal, existen zonas blandas donde la cutícula cambia de estructura (son las articulaciones). La rigidez de la cutícula también ocasiona que el animal, al crecer, experimente

mudas cada cierto tiempo. En algunos grupos, como los Crustáceos, el tegumento se calcifica y da lugar a un exoesqueleto muy duro. Presentan un par de apéndices por metámero con función en principio locomotora, pero, secundariamente, pueden haber perdido o modificado esta función. Los apéndices están formados por partes articuladas entre sí (*artejos*) y son de dos tipos: birrámeos y unirrámeos (fig. 72). El segundo se considera derivado del primero por atrofia de una de las ramas, el *exopodito,* que tiene función respiratoria; por tanto, el *endopodito* (de función locomotora) está siempre presente. La musculatura es muy compleja y tiene gran relación con el esqueleto, ya que los haces longitudinales se insertan en unas prolongaciones de la cutícula hacia el interior (*apodemas*) (fig. 73).

El tubo digestivo es generalmente rectilíneo. El aparato circulatorio tiene un vaso dorsal contráctil (corazón) al que va a parar la sangre del seno pericárdico; este corazón presenta unos orificios (*ostiolos*) por los que entra la sangre. La respiración puede ser: cutánea si la cutícula es muy fina; branquial, a cargo de los exopoditos presentes en los apéndices; y traqueal, típica de los Insectos. La excreción se realiza por las glándulas coxales labiales o antenales, de origen mesodérmico, o por los tubos de Malpighi (Insectos), de origen ectodérmico. El sistema nervioso

1. Miriápodos
2. Insectos
3. Crustáceos
4. Merostomas
5. Picnogónidos
6. Arácnidos

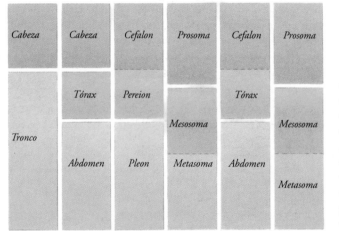

1	2	3	4	5	6
Cabeza	Cabeza	Cefalon	Prosoma	Cefalon	Prosoma
Tronco	Tórax	Pereion	Mesosoma	Tórax	Mesosoma
	Abdomen	Pleon	Metasoma	Abdomen	Metasoma

70

Esquema comparativo de la tagmatización en los diversos grupos de Artrópodos.

constituyen distintas regiones del cuerpo. Son de forma y estructura distinta en los diferentes grupos debido al desigual número de segmentos que integran los tagmas; esto produce, en ocasiones, graves dificultades de homologación de partes de las diferentes formas (fig. 70).

Poseen una cutícula quitinizada segregada por la epidermis y exclusiva del grupo (fig. 71). Dicha cutícula es rígida, y por ello, para facilitar el

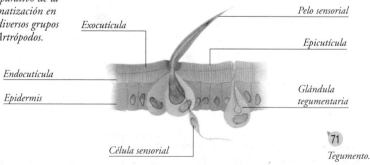

Exocutícula
Endocutícula
Epidermis
Célula sensorial

Pelo sensorial
Epicutícula
Glándula tegumentaria

71

Tegumento.

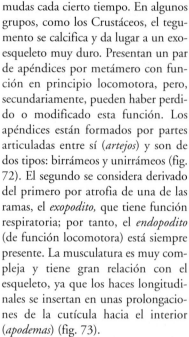

a) Birrámeo
(Crustáceo)

b) Unirrámeo
(Araña)

72

Tipos de apéndices.

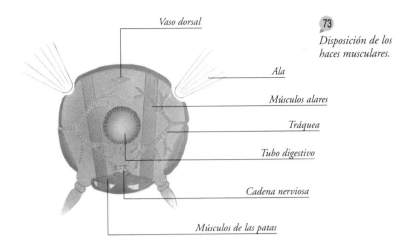

Vaso dorsal

Ala

Músculos alares

Tráquea

Tubo digestivo

Cadena nerviosa

Músculos de las patas

73

Disposición de los haces musculares.

(fig. 74) es homogéneo, con una masa cerebroide y una cadena ganglionar ventral que presenta los dos conectivos muy juntos. En la masa cerebroide se distingue: *protocerebro,* con los cuerpos pedunculados (órganos de asociación muy desarrollados en los insectos sociales) y los centros ópticos; *deutocerebro* (inerva el primer par de antenas); y *tritocerebro* (inerva el segundo par de antenas o el *labro*). Existe un par de ganglios por metámero, pero pueden fusionarse y formar masas. Poseen órganos del olfato, del equilibrio (en las criptas sensitivas de la cutícula), táctiles (pelos o sedas de la cutícula) y visuales (ojos simples de visión directa o indirecta, y ojos compuestos formados por unidades llamadas facetas u *ommatidios,* que se yuxtaponen a modo de mosaico).

Los Artrópodos suelen ser *gonocóricos* (dioicos), pero hay casos de hermafroditismo. El aparato reproductor consta de un par de gónadas que se abren al exterior por el poro genital, situado en la parte media del cuerpo (*Progoneados*) o al final del abdomen (*Opistogoneados*). Existen modificaciones en los apéndices que funcionan como órgano copulador. El desarrollo puede ser directo (Quelicerados) o indirecto, ya sea *palingenético* (Crustáceos) o *cenogenético* (Insectos), en cuyo caso suele darse la metamorfosis. Los Artrópodos constituyen el 80 por ciento de la fauna terrestre; de 1 200 000 especies, 1 000 000 son insectos. Varían entre los tamaños microscópicos y hasta los 2 m (fósiles de Gigantostráceos), pero los más comunes miden algunos centímetros. Son de origen marino, pero han colonizado las aguas dulces y el medio terrestre. Parece que proceden de un tronco común a los Anélidos, pues presentan gran afinidad con ellos (sistema nervioso, regiones del cuerpo...). La clasificación ha ido evolucionando a medida que se perfeccionaba el conocimiento del grupo. Prescindiendo de los grupos enteramente fósiles, pueden tenerse en cuenta las siguientes clases:

a) Saltamontes

b) Escorpión

74

Sistemas nerviosos.

Clase	Características	
Onicóforos Miriápodos Insectos	Uniantenados (con 1 par de antenas)	Entomomorfos (= Antenados, con antenas)
Crustáceos	Diantenados (con 2 pares de antenas)	
Merostomas Picnogónidos Arácnidos		Aracnomorfos (= Quelicerados, con quelíceros)

Artrópodos (II): Clases Onicóforos y Miriápodos

Clase Onicóforos

Los individuos de este grupo poseen aspecto vermiforme y una segmentación externa que no corresponde a la metamerización interna. Presentan un par de antenas, palpos bucales y anales, y patas locomotoras (protuberancias anilladas provistas de papilas) en número de 13 o 14, a cuya base van a parar las glándulas coxales. Tienen cutícula quitinizada y haces musculares circulares y longitudinales. La cavidad general es esquizocélica y está dividida por un septo que delimita una cavidad pericárdica que aloja el corazón (fig. 75).

austral (América Central y del Sur, África del Sur, Asia y Oceanía). Son carnívoros y su tamaño se aproxima a los 3 cm. *Peripatus,* típico de América Central y la parte norte de Sudamérica, es de tonalidades pardas o rojizas; *Peripatopsis* (fig. 76) es de color verde azulado y se localiza en Chile.

Clase Miriápodos

Son terrestres, de respiración traqueal, con un par de mandíbulas y un par de antenas. Se distinguen cuatro órdenes: Sínfilos, Paurópodos, Diplópodos y Quilópodos. Por su modo de desplazamiento se diferencian dos líneas evolutivas: con desplazamiento en línea recta, cuerpo rígido y presencia de órganos de Tomösvary, especiales del grupo y de tipo sensorial (Sínfilos y Diplópodos), y con desplazamiento por movimientos laterales (Paurópodos y Quilópodos). Por otra parte, los Sínfilos, Paurópodos y Diplópodos

son progoneados, con desarrollo *anamórfico* (el individuo, al nacer, no tiene el número definitivo de segmentos y apéndices), y los Quilópodos, opistogoneados y *epimórficos* (el número de segmentos y de apéndices permanece constante a lo largo de toda la vida del individuo).

Los Sínfilos son cosmopolitas, de color blanquecino, ciegos y lucífugos, y viven enterrados o debajo de las piedras. De los 14 segmentos del tronco, el tercero, el quinto y el séptimo están duplicados dorsalmente. Poseen mandíbulas y maxilas. *Scutigerella* (fig. 77b) y *Scolopendrella* son dos ejemplos comunes de este grupo. Los Paurópodos tienen 12 segmentos fusionados dorsalmente de dos en dos (*diploterguitos*), presentan antenas birrámeas y una pieza especial a modo de labio (collar) que sigue a las mandíbulas y las maxilas. Son cosmopolitas y lucífugos, y viven en lugares húmedos; es frecuente el género *Decapauropus* (fig. 77e). Los Diplópodos presentan todos los segmentos dobles (*diplosomitos*) y con dos pares de patas, a excepción de los cuatro primeros; el número de segmentos es variable incluso en la misma especie. Aparato bucal con un par de mandíbulas y un labio inferior o *gnatoquilario*. El desarrollo comporta una larva hexápoda. Presentan un tamaño de varios centímetros y viven en sitios húmedos, existiendo formas cavernícolas. Son géneros representativos

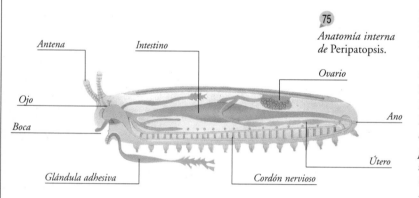

75 Anatomía interna de Peripatopsis.

Antena — *Intestino* — *Ovario* — *Ojo* — *Boca* — *Ano* — *Útero* — *Glándula adhesiva* — *Cordón nervioso*

El tubo digestivo es rectilíneo y la respiración, traqueal. La excreción se realiza por un par de nefridios por segmento. El sistema nervioso es el típico. Existen manchas oculares formadas por células pigmentarias sensibles. Son gonocóricos; el aparato reproductor masculino presenta dos testículos, vesícula seminal y espermiducto; y el femenino, ovarios unidos por la base, receptáculo seminal y oviductos, que se unen para dar lugar a la vagina. Hay especies ovíparas y vivíparas.

Los Onicóforos son considerados, dentro de los Artrópodos, un grupo de transición entre éstos y los Anélidos (Parartrópodos). Son típicos de los bosques húmedos del hemisferio

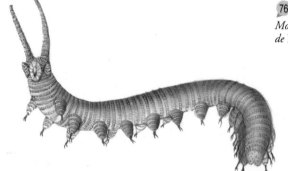

76 *Morfología externa de Peripatopsis.*

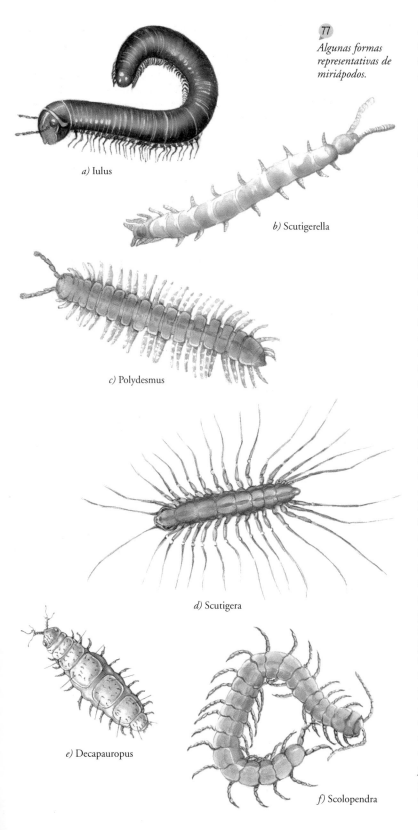

77

Algunas formas representativas de miriápodos.

a) Iulus

b) Scutigerella

c) Polydesmus

d) Scutigera

e) Decapauropus

f) Scolopendra

Iulus (fig. 77a), *Polydesmus* (fig. 77c) así como también *Glomeris,* que recuerda a las cochinillas de la humedad, ya que puede arrollarse en bola.

Los Quilópodos presentan el cuerpo deprimido y segmentos iguales o alternados (grandes y pequeños). Los apéndices bucales son: un par de mandíbulas y dos pares de maxilas (el segundo de ellos formando el labio), precedidos por el labro y las *forcípulas* (maxilípedos que corresponden a la modificación del primer par de patas), que presentan glándulas venenosas para inmovilizar a las presas. Cada segmento es portador de un par de patas, a excepción de los tres últimos; de éstos, el primero presenta *gonópodos* rudimentarios, en el segundo se abre el poro genital, y el último es mucho más largo y robusto que el resto. Presentan corazón dorsal dividido en una serie de cámaras con sus ostiolos correspondientes. Las tráqueas se abren en las pleuras de los segmentos de forma regular a lo largo del tronco, salvo en los Escutigeromorfos, que presentan tráqueas bañadas por la hemolinfa que se reúnen en cámaras. Como órganos de los sentidos cabe destacar los *ocelos,* los mecanorreceptores (táctiles) localizados en todo el cuerpo en sedas sensoriales, y los quimiorreceptores (gustativos) de las antenas y los palpos maxilares. El desarrollo puede ser directo (epimorfos) o indirecto (anamorfos) a través de larvas con siete pares de patas. Son animales carnívoros, depredadores, de colores anaranjados o marrones, que pueden alcanzar tamaños considerables (20 cm). Ocupan hábitats diversos (infralapidícola, humícola, cavernícola...). *Scutigera coleoptrata* (fig. 77d) se encuentra con frecuencia en las viviendas; *Lithobius* es un género habitual, con gran número de especies; *Scolopendra cingulata* (fig. 77f), la escolopendra, es el ejemplo más típico de este grupo.

Artrópodos (III): Clase Insectos (Hexápodos)

Clase Insectos (Hexápodos)

Son Artrópodos de respiración traqueal, uniantenados y con tres pares de patas (*hexápodos*). Su cuerpo está dividido en tres regiones, cabeza, tórax y abdomen, y el tórax se divide a su vez en *protórax, mesotórax y metatórax.* El primero de ellos está más desarrollado que los otros y en los dos últimos el tegumento presenta dos repliegues dorsales denominados alas. Se toma como ejemplo el saltamontes (*Locusta*), perteneciente al orden Ortópteros (fig. 78).

El saltamontes posee en la cabeza ocelos y ojos compuestos situados lateralmente, así como antenas; las piezas bucales (fig. 79) son los apéndices modificados que corresponden a los segmentos de la cabeza; se diferencian: un par de mandíbulas, dos pares de maxilas (el último, soldado, forma el labio inferior). En las maxilas, birrámeas,

el exopodito es sensorial (palpo maxilar). El labio superior o labro no puede considerarse apéndice. El aparato bucal del saltamontes es masticador o triturador (en otros insectos puede ser lamedor, chupador...).

De los dos pares de alas del tórax, las posteriores son las típicas de los Insectos (membranosas) y las anteriores, protectoras de las otras (coriáceas), se denominan *élitros.* Las patas, unirrámeas, están formadas por los siguientes artejos: *coxa, trocánter, fémur, tibia y tarsos;* los dos primeros pares son locomotores y el último, de tamaño mucho mayor, está adaptado al salto. El abdomen, la zona de tegumento menos quitinizada, está formado por 11 segmentos, de los cuales se distinguen los 8 primeros, puesto que los 3 últimos están modificados formando apófisis especiales (genitales). Los 8 primeros segmentos presentan estigmas respiratorios laterales

y, además, el primero de ellos es portador de un par de órganos auditivos. El aparato digestivo consta de cavidad bucal, faringe (donde desembocan las glándulas salivales), esófago con un divertículo (buche), intestino glandular, tubos de Malpighi y ampolla rectal. La respiración es traqueal; las tráqueas se pueden ensanchar para dar lugar a sacos aéreos. El sistema nervioso consta de una masa cerebroide y una cadena ganglionar típicas. Además de los órganos visuales y auditivos, destacan los gustativos (palpos maxilares) y los olfatorios (antenales). El aparato reproductor consta de un par de gónadas, receptáculos seminales y conducto eyaculador (machos) u oviducto (hembras). La fecundación es interna. En los Insectos, el desarrollo puede ser directo, pero suele ser indirecto, con metamorfosis completa (con fases de huevo, larva, *ninfa* e *imago*) o incompleta (sin el estado de

78 *Anatomía interna del saltamontes.*

79 *Piezas bucales del saltamontes.*

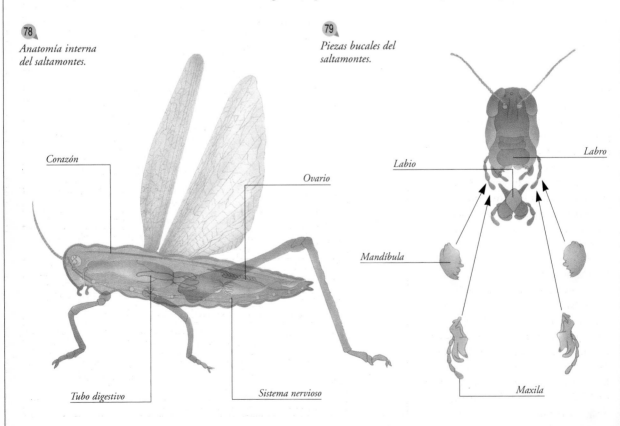

Corazón

Ovario

Tubo digestivo

Sistema nervioso

Labio

Labro

Mandíbula

Maxila

a) Papilio machaon
(mariposa)

b) Carabus cancelatus
(escarabajo)

c) Lestes viridis
(libélula)

d) Drosophila melanogaster
(mosca)

e) Mantis religiosa
(mantis)

Zángano   Reina   Obrera

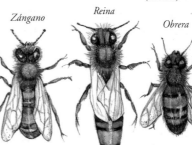

f) Apis mellifera
(abeja)

80

*Algunas formas
características de
insectos.*

ninfa). Pueden presentarse tres tipos de larvas: *campodeiformes* (aspecto de insecto primitivo), *eruciformes* (orugas), y *ápodas* o vermiformes (sin apéndices). Los Insectos son típicamente terrestres; son libres, pero se dan algunos casos de simbiosis y parasitismo. Ciertos insectos forman asociaciones en las que se distinguen castas (insectos sociales). El tipo de alimentación está ligado al aparato bucal que presentan. Hay insectos beneficiosos para el hombre (consumo, miel, cera...) y los hay perjudiciales (plagas). Su tamaño va desde menos de 1 mm hasta 20 o 30 cm, pero el más frecuente es de 2 o 3 cm. Es un grupo ampliamente repartido. Debido a la diversificación existente, la clasificación es muy extensa (cerca de 30 órdenes); los principales grupos de esta clase son:

Subclase	Orden	Características
APTERIGÓGENOS (sin alas)	Colémbolos	
	Proturos	Con caracteres de miriápodo, algunos presentan órganos de Tomösvary
	Dipluros	
	Tisanuros	Son los pececillos de plata; viven en los edificios y son típicos del medio urbano (*Lepisma*)
PTERIGÓGENOS (con alas)		**Paleópteros** no doblan las alas hacia atrás
	Odonatos	Son las libélulas (*Libellula*, fig. 80c)
		Neópteros doblan las alas hacia atrás
	Dictiópteros	Incluye las cucarachas (*Blatta, Periplaneta*) y los insectos de Santa Teresa (*Mantis*, fig. 80e)
	Isópteros	Son los termes; viven formando asociaciones (*Calotermes, Reculitermes*)
	Dermápteros	Son las tijeretas (*Forficula, Labidura*)
	Ortópteros	Incluye los grillos, las langostas y los saltamontes (*Gryllus, Locusta*)
	Anopluros	No tienen alas; son los piojos (*Pediculus, Pthirus*)
	Homópteros Heterópteros	Antiguamente reunidos en el orden Hemípteros, incluyen los pulgones, las cigarras y las chinches
	Coleópteros	Son los escarabajos (*Blaps, Carabus*, fig. 80b)
	Himenópteros	Incluye las hormigas y las abejas; es el grupo más representativo de insectos sociales (*Formica; Apis*, fig. 80f)
	Lepidópteros	Son las mariposas (*Pieris; Papilio*, fig. 80a)
	Dípteros	Son las moscas y los mosquitos (*Drosophila*, fig. 80d; *Anopheles*)
	Sifonápteros	Son las pulgas (*Pulex*)

Artrópodos (IV): Clase Crustáceos

Clase Crustáceos

Son Artrópodos de respiración branquial con dos pares de antenas y cuerpo dividido en *cefalon, pereion y pleon,* y a continuación el *telson,* que puede formar, junto con el último par de apéndices, un abanico caudal. Se toma como ejemplo la langosta (*Palinurus*) (figs. 81 y 82).

pleon consta de 6 segmentos con un par de apéndices birrámeos cada uno (*pleópodos*), de tipo filopodial (nadadores, de sección plana, fig. 84b); en los machos, los dos primeros pares se modifican y forman el pene, y en las hembras, el primero está muy reducido (fig. 83). El aparato digestivo consta de un buche que presenta dos

excreción se realiza por glándulas antenales que se abren en la base del segundo par de antenas. El sistema nervioso se compone de una masa cerebroide y un collar esofágico, origen de una doble cadena con ganglios a nivel del pereion que se continúa en el pleon por un conectivo con un ganglio por segmento. Es de destacar que, en determinados crustáceos (cangrejos), los ganglios se concentran y forman una masa nerviosa ventral. Los órganos sensoriales están localizados en los pelos que se reparten por todo el tegumento, pero hay especialización en las antenas (tacto y olfato), los apéndices bucales (gusto), los ojos (vista) y los estatocistos antenulares (oído y equilibrio).

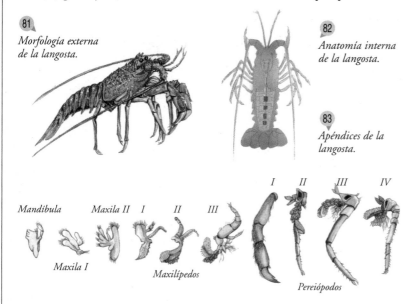

81 Morfología externa de la langosta.

82 Anatomía interna de la langosta.

83 Apéndices de la langosta.

Mandíbula   Maxila II   I   II   III   *Maxila I*   *Maxilípedos*   *I   II   III   IV   V*   *Pereiópodos*   *Anténulas   Antenas   Urópodos*   *Pleópodos*

La langosta presenta el tegumento muy quitinizado e impregnado de carbonato cálcico. Dorsalmente, el cefalon y el pereion se presentan como una unidad debido a que un repliegue tegumentario (caparazón) engloba las dos regiones. De este modo se forma el *cefalotórax,* cuyos apéndices (fig. 83) son: 2 pares de antenas, 1 par de mandíbulas, 2 pares de maxilas, 3 pares de maxilípedos y 5 pares de *pereiópodos* estenopodiales (unirrámeos debido a la pérdida del exopodito, marchadores, de sección circular, fig. 84a); el primero es más robusto que el resto. La cara interna del caparazón presenta lateralmente las cámaras branquiales, donde se alojan las branquias (fig. 85), *epipoditos* de los apéndices con función respiratoria. En el cefalon se sitúa 1 par de ojos compuestos pedunculados. El

cámaras (gástrica y pilórica); éstas forman, a su vez, un molinete gástrico triturador compuesto por 6 piezas quitinoides endurecidas, intestino con ciegos hepáticos y recto. El aparato circulatorio presenta un corazón situado en la parte posterior del cefalotórax con tres pares de ostiolos y vasos que llevan la sangre a los órganos. La

El aparato reproductor está formado por un par de gónadas y espermiductos u oviductos. La fecundación es interna. Los huevos, tras la puesta, quedan adheridos a los pleópodos de la hembra, que los transporta hasta su eclosión. El desarrollo es indirecto, por medio de una larva *zoë* y, posteriormente, otra larva, *filosoma.*

Los Crustáceos son típicamente acuáticos; algunos han llegado a colonizar el medio terrestre (Isópodos), pero deben vivir en sitios húmedos. Su tamaño oscila entre menos de 1 mm y más de 1 m; el más frecuente, varios centímetros. Son cosmopolitas. Su clasificación tiene en cuenta caracteres diversos (constancia en el número de segmentos del cuerpo, tipo de caparazón...). Se consideran los siguientes grupos dentro de esta clase:

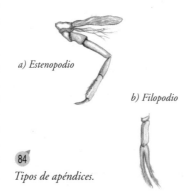

a) Estenopodio

b) Filopodio

84 *Tipos de apéndices.*

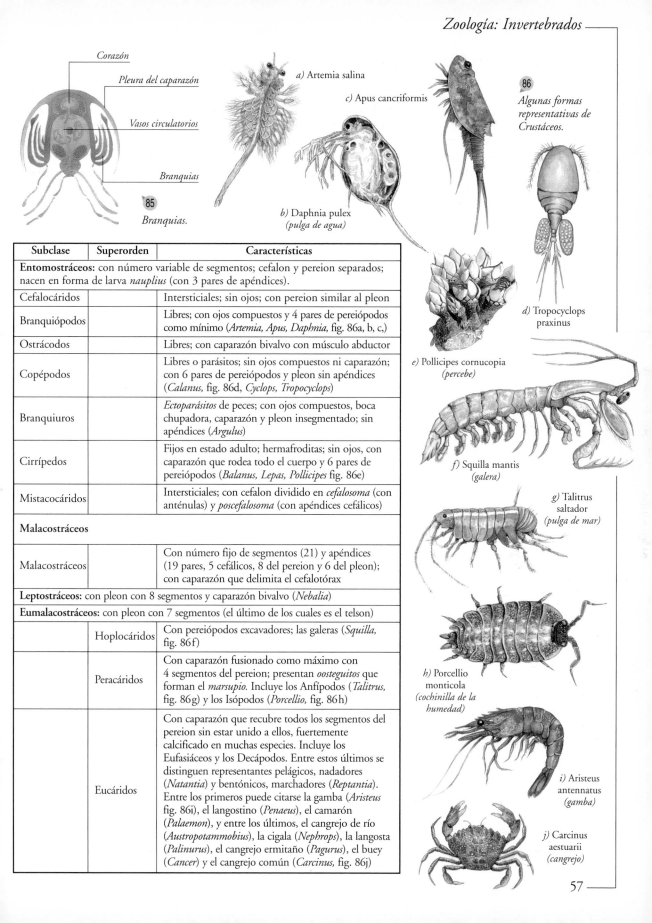

Corazón

Pleura del caparazón

Vasos circulatorios

Branquias

85
Branquias.

a) Artemia salina

c) Apus cancriformis

86
Algunas formas representativas de Crustáceos.

b) Daphnia pulex (pulga de agua)

d) Tropocyclops praxinus

e) Pollicipes cornucopia (percebe)

f) Squilla mantis (galera)

g) Talitrus saltador (pulga de mar)

h) Porcellio monticola (cochinilla de la humedad)

i) Aristeus antennatus (gamba)

j) Carcinus aestuarii (cangrejo)

Subclase	Superorden	Características
Entomostráceos: con número variable de segmentos; cefalon y pereion separados; nacen en forma de larva *nauplius* (con 3 pares de apéndices).		
Cefalocáridos		Intersticiales; sin ojos; con pereion similar al pleon
Branquiópodos		Libres; con ojos compuestos y 4 pares de pereiópodos como mínimo (*Artemia, Apus, Daphnia,* fig. 86a, b, c,)
Ostrácodos		Libres; con caparazón bivalvo con músculo abductor
Copépodos		Libres o parásitos; sin ojos compuestos ni caparazón; con 6 pares de pereiópodos y pleon sin apéndices (*Calanus,* fig. 86d, *Cyclops, Tropocyclops*)
Branquiuros		*Ectoparásitos* de peces; con ojos compuestos, boca chupadora, caparazón y pleon insegmentado; sin apéndices (*Argulus*)
Cirrípedos		Fijos en estado adulto; hermafroditas; sin ojos, con caparazón que rodea todo el cuerpo y 6 pares de pereiópodos (*Balanus, Lepas, Pollicipes* fig. 86e)
Mistacocáridos		Intersticiales; con cefalon dividido en *cefalosoma* (con anténulas) y *poscefalosoma* (con apéndices cefálicos)
Malacostráceos		
Malacostráceos		Con número fijo de segmentos (21) y apéndices (19 pares, 5 cefálicos, 8 del pereion y 6 del pleon); con caparazón que delimita el cefalotórax
Leptostráceos: con pleon con 8 segmentos y caparazón bivalvo (*Nebalia*)		
Eumalacostráceos: con pleon con 7 segmentos (el último de los cuales es el telson)		
	Hoplocáridos	Con pereiópodos excavadores; las galeras (*Squilla,* fig. 86f)
	Peracáridos	Con caparazón fusionado como máximo con 4 segmentos del pereion; presentan *oosteguitos* que forman el *marsupio.* Incluye los Anfípodos (*Talitrus,* fig. 86g) y los Isópodos (*Porcellio,* fig. 86h)
	Eucáridos	Con caparazón que recubre todos los segmentos del pereion sin estar unido a ellos, fuertemente calcificado en muchas especies. Incluye los Eufasiáceos y los Decápodos. Entre estos últimos se distinguen representantes pelágicos, nadadores (*Natantia*) y bentónicos, marchadores (*Reptantia*). Entre los primeros puede citarse la gamba (*Aristeus* fig. 86i), el langostino (*Penaeus*), el camarón (*Palaemon*), y entre los últimos, el cangrejo de río (*Austropotammobius*), la cigala (*Nephrops*), la langosta (*Palinurus*), el cangrejo ermitaño (*Pagurus*), el buey (*Cancer*) y el cangrejo común (*Carcinus,* fig. 86j)

Artrópodos (V): Clases Merostomas y Picnogónidos

Clase Merostomas

Son Artrópodos quelicerados con caparazón quitinoide muy grueso en el prosoma (cefalotórax), apéndices torácicos marchadores y opistosoma provisto de apéndices respiratorios, branquiales.

Para su estudio se toma como ejemplo *Limulus polyphemus* (cacerola de las Molucas, figs. 87a, b y 88). Presenta 2 ojos compuestos y 2 ojos simples en el prosoma, situados dorsalmente,

y otros 2 en un reborde interior del mismo. Los quelíceros son preorales. Tiene 5 pares de patas terminadas en pinza (salvo el primero y el quinto en el macho adulto) seguidos de un par de apéndices foliáceos con muchas sedas (*quilarias*). En el opistosoma, formado por una pieza única, se distingue ventralmente el poro genital (segundo segmento), tapado por los apéndices abdominales, birrámeos, con el exopodito desarrollado formando

una serie de láminas que funcionan como branquias.

El aparato digestivo consta de buche y molleja, y una válvula cónica que sólo permite el paso del alimento suficientemente triturado. El aparato excretor está constituido por una glándula coxal que se abre al exterior en la base del quinto par de patas del prosoma. El sistema nervioso va asociado al circulatorio (pasa por el interior

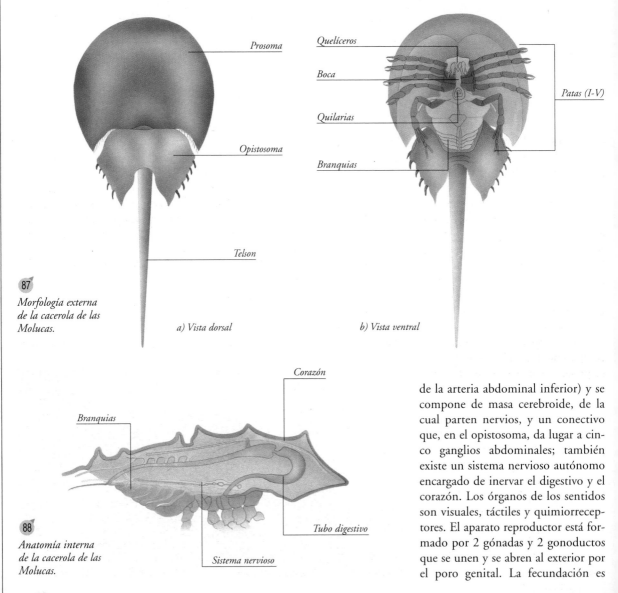

87

Morfología externa de la cacerola de las Molucas.

Prosoma

Opistosoma

Telson

a) Vista dorsal

Quelíceros

Boca

Quilarias

Branquias

Patas (I-V)

b) Vista ventral

88

Anatomía interna de la cacerola de las Molucas.

Branquias

Corazón

Tubo digestivo

Sistema nervioso

de la arteria abdominal inferior) y se compone de masa cerebroide, de la cual parten nervios, y un conectivo que, en el opistosoma, da lugar a cinco ganglios abdominales; también existe un sistema nervioso autónomo encargado de inervar el digestivo y el corazón. Los órganos de los sentidos son visuales, táctiles y quimiorreceptores. El aparato reproductor está formado por 2 gónadas y 2 gonoductos que se unen y se abren al exterior por el poro genital. La fecundación es

a) Pycnogonum

b) Nymphon

El aparato digestivo presenta faringe armada en la trompa, con dentículos que impiden el avance de determinadas partículas e intestino que envía ciegos a los quelíceros y las patas. La respiración es cutánea. El aparato circulatorio es muy simple, con dos pares de ostíolos en el corazón y una aorta que se divide en dos a la altura de la trompa. El sistema nervioso se compone de una masa cerebroide y una cadena ganglionar ventral con

► 89

Algunas formas representativas de Picnogónidos.

el macho y fijados en los apéndices ovígeros. El desarrollo es indirecto, por medio de larvas *protoninfon.*

Los Picnogónidos presentan un tamaño que oscila entre varios milímetros y 10 cm. Son marinos y viven desde el nivel del mar hasta zonas abisales parasitando hidroideos. Están ampliamente repartidos, aunque la mayoría vive en mares árticos. Filogenéticamente, hay unos autores que los aso-

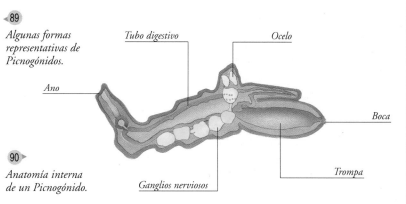

Tubo digestivo   Ocelo

Ano

Boca

► 90

Anatomía interna de un Picnogónido.

Ganglios nerviosos   Trompa

externa, aprovechándose la bajamar, y el desarrollo, indirecto, por medio de una larva *trilobitiforme.*

Los Merostomas son marinos y, actualmente, sólo están representados por el orden Xifosuros, típicos de la costa atlántica de Norteamérica y del Indopacífico. Pueden alcanzar gran tamaño (hasta 60 cm).

*Clase Picnogónidos
(= Pantópodos)*

Son Artrópodos quelicerados con cuerpo muy reducido (el opistosoma se presenta como una pequeña prolongación del prosoma) y gran desarrollo de las patas (se denominan por este motivo «arañas de mar»). Tienen el tegumento blando y provisto de pelos. El cefalon, de reducido tamaño, se prolonga apicalmente en una trompa en cuyo extremo se abre la boca. Como apéndices cefálicos poseen quelíceros, pedipalpos y apéndices ovígeros que pueden faltar total o parcialmente. El tórax está segmentado en 4, 5 o 6 metámeros, cada uno con un par de patas.

dos comisuras no totalmente soldadas. Como órganos sensoriales presentan ojos y pelos táctiles. El aparato reproductor está formado por un par de gónadas unidas que emiten prolongaciones por las patas. Se distinguen múltiples orificios genitales en las segundas coxas de todos los pares de patas o de algunos de ellos. Los óvulos fecundados son recogidos por

cian con la vía evolutiva de los Quelicerados, mientras que otros autores los relacionan con la de los Antenados. Son comunes los géneros *Nymphon* (fig. 89b) y *Pycnogonum* (fig. 89a).

91

Hembra de límulo (semienterrada) durante la puesta,   *junto a diez machos que se disponen a fertilizar los huevos.*

Artrópodos (VI): Clase Arácnidos

Clase Arácnidos

Son Artrópodos quelicerados de cuerpo dividido en prosoma (cefalotórax) y opistosoma (abdomen), donde en ocasiones se diferencian dos regiones, el *mesosoma* (preabdomen) y el *metasoma* (posabdomen). En el prosoma se sitúan los quelíceros, los *pedipalpos* y 4 pares de patas marchadoras (formadas por los siguientes artejos: coxa, trocánter, fémur, *patella*, tibia, metatarso y tarsos). En el opistosoma, salvo excepciones (peines de los Escorpiones), no existen apéndices. En ocasiones hay estructuras que derivan de apéndices modificados (*cribelo* e *hileras* de los Araneidos). El aparato digestivo presenta ciegos intestinales por las patas marchadoras. El aparato circulatorio

92

*Morfología externa
de un escorpión.*

está muy reducido. La respiración es traqueal, por pulmones o por *filotráqueas*. La excreción se realiza fundamentalmente por tubos de Malpighi. El sistema nervioso está muy simplificado. Como órganos de los sentidos presentan ojos simples, *tricobotrios* (pelos sensibles a las vibraciones) y órganos liriformes (fosetas quimiorreceptoras). El aparato reproductor es generalmente simple (salvo en los Araneidos y Opiliones). El desarrollo es directo, a excepción de algunos Ácaros.

Los Arácnidos son terrestres (con la salvedad de algunas formas de agua dulce muy modificadas), libres o parásitos, y de costumbres generalmente carnívoras. Su tamaño oscila entre 1 mm y

20 cm. Están ampliamente repartidos en todo el mundo, aunque hay órdenes limitados a determinadas regiones. La clasificación atiende a los siguientes caracteres:

Características			Orden
Pectinados (con peines)			Escorpiones
Apectinados (sin peines)	Apatelados (sin *patella*)		Seudoscorpiones Solífugos
	Patelados (con *patella*)	Caulogastros (con cintura entre prosoma y opistosoma)	Uropigios Amblipigios Palpígrados Araneidos
		Hologastros (sin cintura)	Ricinúleos Opiliones Ácaros

Los Escorpiones son el grupo más primitivo; se supone que han originado a los restantes. Cuerpo con prosoma, mesosoma y metasoma, al final del cual existe un telson transformado en aguijón. Pedipalpos de gran tamaño acabados en pinza. En el tercer segmento del opistosoma se encuentran los *peines,* apéndices sensoriales de función poco conocida. Alcanzan grandes tamaños (hasta 18 cm) y se nutren de presas vivas, que inmovilizan con el veneno de la glándula que conecta con el aguijón. *Buthus occitanus,* de color ámbar, vive en sitios secos, bajo piedras, en la región mediterránea (figs. 92 y 93). Los Seudoscorpiones (fig. 95 a) tienen prosoma insegmentado y opistosoma formado por 12 segmentos. Pedipalpos muy desarrollados acabados en pinza (pueden estar conec-

tados a una glándula venenosa) y quelíceros con formaciones típicas tales como las sérrulas, el flagelo y la galea. Miden alrededor de 5 mm y viven entre la hojarasca, en las cavidades de las rocas y en cavernas. Los Solífugos (fig. 95 c) tienen quelíceros de gran tamaño y pedipalpos acabados en ventosa. Viven en zonas cálidas y secas y tienen actividad nocturna; huyen del sol. Alcanzan tamaños de 6 cm. Son típicos de la región levantina de la península Ibérica. Los Uropigios (fig. 95 h) presentan pedipalpos acabados en uña y opistosoma terminado en flagelo. Alcanzan hasta 7 cm y son de distribución tropical. Los Amblipigios (fig. 95 b) tienen los pedipalpos muy desarrollados, y espinosos. Miden hasta 4 cm y se encuentran en la India, Malasia y África tropical. Los Palpígrados (fig. 95 d) presentan pedipalpos adaptados a la locomoción. Son ciegos, miden menos de 5 mm y viven en fisuras de rocas y troncos, en regiones tropicales y subtropicales. Los Ara-

93

*Anatomía interna
de un escorpión.*

Glándula venenosa

Corazón

Tubo digestivo

Cordón nervioso

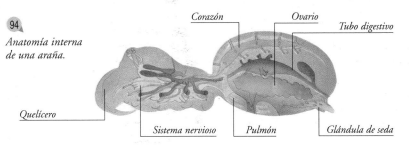

94
Anatomía interna de una araña.

Corazón · Ovario · Tubo digestivo · Glándula de seda · Pulmón · Sistema nervioso · Quelícero

neidos se conocen con el nombre de arañas. Tienen el opistosoma insegmentado, globoso y pedunculado. Los quelíceros pueden estar formados por dos artejos paralelos entre sí (formas *migalomorfas,* típicas de las selvas de Sudamérica) o formar ángulo entre ellos, y pueden estar conectados a glándulas de veneno (formas *aracnomorfas*). Pedipalpos táctiles, y el tarso de los machos actúa a modo de órgano copulador. Presentan hileras, apéndices abdominales modificados que segregan la seda con la que forman las telas. Además, los aracnomorfos pueden presentar cribelo (placa agujereada conectada a glándulas de seda) y calamistro (fila de pelos del tarso del 4.° par de patas que se utiliza para tejer la seda). Suelen medir de 7 a 8 cm. Coloración variada y modo de vida diverso (suelo, galerías, vegetación,

agua). Son géneros interesantes *Loxoceles* y *Latrodectus* (fig. 95g), mortales para el hombre, y *Araneus* (arañas de jardín). Los Ricinúleos (fig. 95i) presentan opistosoma segmentado y prosoma con una especie de visera anterior (*cúculo*). Son ciegos, viven en el suelo y miden de 5 a 10 mm. Los Opiliones (fig. 95e) tienen el opistosoma dividido y las patas muy largas. Se diferencian de algunas arañas por ser *hologastros*. Son cosmopolitas y viven en bosques, campos y casas. Miden entre 1 y 20 mm. Los Ácaros (fig. 95f) han perdido la segmentación y no suelen presentar ojos. Poseen 4 pares de patas. Son libres o parásitos, carnívoros o fitófagos, y transmisores de gran cantidad de enfermedades.

95
Algunas formas representativas de Arácnidos.

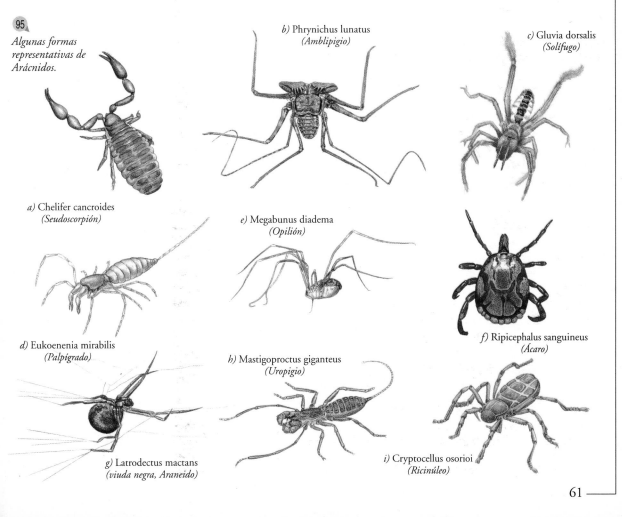

a) Chelifer cancroides *(Seudoscorpión)*
b) Phrynichus lunatus *(Amblipigio)*
c) Gluvia dorsalis *(Solífugo)*
d) Eukoenenia mirabilis *(Palpígrado)*
e) Megabunus diadema *(Opilión)*
f) Ripicephalus sanguineus *(Ácaro)*
g) Latrodectus mactans *(viuda negra, Araneido)*
h) Mastigoproctus giganteus *(Uropigio)*
i) Cryptocellus osorioi *(Ricinúleo)*

Platelmintos (I): Características generales. Clases Turbelarios y Trematodos

Tipo Platelmintos

Los Platelmintos son metazoos triblásticos aplanados en sentido dorsoventral y con simetría bilateral. El cuerpo, con cabeza diferenciada, consta de una epidermis blanda provista de cilios, cutícula o ventosas, según los grupos. Las capas musculares están bien desarrolladas y la cavidad celomática aparece prácticamente ocupada por parénquima. Si poseen aparato digestivo, éste presenta una sola abertura (boca). Carecen de sistema circulatorio. La respiración es cutánea y la excreción se realiza por medio de células flamígeras. Sistema nervioso formado por una red o plexo nervioso más o menos concentrado en algunos puntos, pero con ausencia de ganglios o nervios. Suelen ser monoicos, de fecundación interna y desarrollo directo; pero en algunas formas se da la reproducción asexual.

Son individuos *neoténicos* (conservan de adultos los caracteres embrionarios). En razón de su morfología y anatomía, y de su forma de vida, se clasifican en:

Clase	Características
Turbelarios	libres
Trematodos	parásitos
Cestodos	comensales

Clase Turbelarios

Son los más primitivos. De ellos derivan los otros Platelmintos. Poseen un cuerpo foliáceo, plano y muy contráctil, recubierto de cilios vibrátiles. Presentan una ventosa ventral y otra bucal que, en ocasiones, puede faltar. El epitelio contiene células secretoras de mucus que ayudan al desplazamiento, y unos cuerpos especiales, los *rabditos,* cuya función no se conoce con exactitud. Las fibras musculares son de tipo circular, longitudinal y dorsoventral.

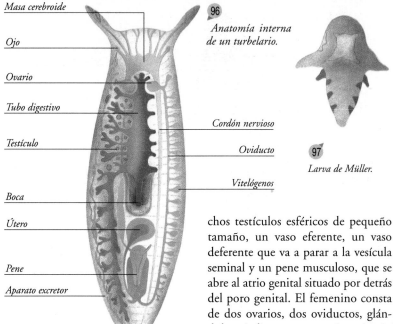

Masa cerebroide

Ojo

Ovario

Tubo digestivo

Testículo

Boca

Útero

Pene

Aparato excretor

Cordón nervioso

Oviducto

Vitelógenos

96
Anatomía interna de un turbelario.

97
Larva de Müller.

El aparato digestivo es incompleto, con boca evaginable en posición ventral e intestino muy ramificado. Sistema nervioso con dos cadenas principales, dos secundarias al lado de cada principal y dos ganglios cerebroides. Como órganos de los sentidos presentan ojos secundarios (manchas oculares) y expansiones tentaculares.

Son hermafroditas. El aparato reproductor masculino comprende muchos testículos esféricos de pequeño tamaño, un vaso eferente, un vaso deferente que va a parar a la vesícula seminal y un pene musculoso, que se abre al atrio genital situado por detrás del poro genital. El femenino consta de dos ovarios, dos oviductos, glándulas vitelinas y una vagina; ésta se abre al poro genital y, conectada a ella, se encuentra el saco copulador, donde se guarda el esperma que luego pasará a los receptáculos seminales. La cópula es recíproca y el desarrollo, indirecto, por medio de la larva de Müller (fig. 97).

Presentan fenómenos de regeneración muy acusados; así, de pequeños fragmentos se regeneran individuos completos, siempre siguiendo el mismo eje de simetría; si los fragmentos son muy diminutos, el individuo re-

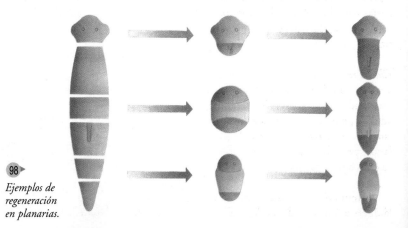

98
Ejemplos de regeneración en planarias.

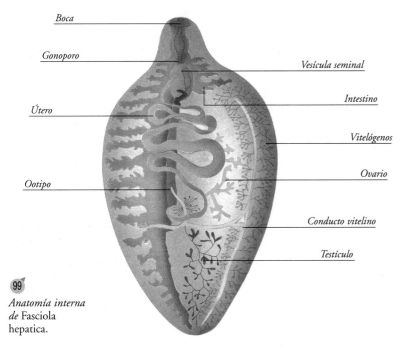

Boca

Gonoporo

Útero

Ootipo

Vesícula seminal

Intestino

Vitelógenos

Ovario

Conducto vitelino

Testículo

99
Anatomía interna de Fasciola hepatica.

sultante puede presentar anomalías tales como dos cabezas o dos colas; en todo caso, los fragmentos anteriores regeneran mejor que los posteriores (fig. 98). Los Turbelarios son cosmopolitas, marinos o de aguas dulces; viven bajo los objetos para evitar la luz y se desplazan por deslizamiento.

Se alimentan de pequeños animales, que logran capturar con el mucus que segregan. Suelen medir de 1 a 4 cm y presentan colores variados. Las planarias han sido objeto de numerosos experimentos de aprendizaje y memoria, con muy buenos resultados.

Clase Trematodos

Son parásitos, principalmente de vertebrados. No poseen cilios en estado adulto, pero están cubiertos por una cutícula. Se parecen mucho a los Turbelarios, pero difieren enormemente en su ciclo biológico.

Ejemplo típico es *Fasciola hepatica*, la duela del hígado de cordero. Tiene

el cuerpo plano, con un raquis central y los bordes ondulados, y una ventosa oral y otra ventral, entre las que se encuentra el orificio genital. La organización interna es muy semejante a la de los Turbelarios salvo en el aparato reproductor, dado que posee dos testículos muy ramificados y un ovario, también ramificado, en la parte derecha del cuerpo (fig. 99).

La duela del hígado de cordero es de color gris, y mide de 1 a 2 cm. Común en muchos lugares de América y Europa, parasita los conductos hepáticos y biliares del cordero, pero, ocasionalmente, puede parasitar otros vertebrados. Tiene un ciclo biológico con dos huéspedes; los embriones buscan al caracol *Limnaea truncatula* (que hace de huésped intermediario) y se instalan en su cavidad pulmonar. Una vez allí, se desarrollan unas larvas, *esporocistos,* que darán lugar a otras, *redias,* muy parecidas al adulto. Las redias se convierten en redias hijas en invierno, o en *cercarias* en verano. Las cercarias abandonan el cuerpo del molusco y nadan hacia la orilla, donde se enquistan (metacercaria) y pueden ser ingeridas por el cordero con el pasto. Los huevos del parásito se eliminan con las heces, y en el agua se desarrolla un embrión ciliado, *miracidio,* que puede parasitar al huésped intermediario (fig. 100).

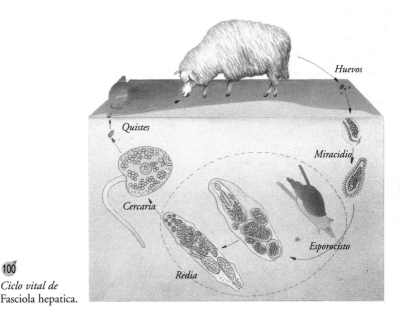

Huevos

Quistes

Miracidio

Cercaria

Esporocisto

Redia

100
Ciclo vital de Fasciola hepatica.

Platelmintos (II): Clase Cestodos

Clase Cestodos

Son parásitos intestinales cuya diferencia básica con los Trematodos es que no poseen aparato digestivo en estado adulto, lo cual denota su adaptación total al comensalismo. Suelen parasitar vertebrados, pero también lo hacen con algunos invertebrados. Tienen el cuerpo dividido en tres partes:

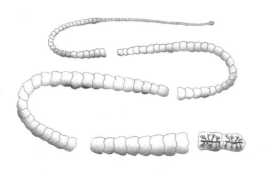

— *escólex,* adaptado a la fijación al huésped, ya sea por poseer ventosas o por presentar surcos suctoriales;

— *cuello,* región insegmentada;

— *estróbilo,* formado por un número variable de anillos o *proglótides* escindidos en cadena, pero que no llegan a separarse del todo; los últimos son grávidos y, por tanto, repletos de huevos. No obstante, en los Cestodos primitivos no se observa estrobilación: constan de una sola pieza.

Como ejemplo típico se toma *Taenia solium,* denominada comúnmente tenia o solitaria. El escólex posee cuatro pequeñas ventosas laterales y un

101
Morfología externa de Taenia solium.

102
Escólex de Taenia solium.

103
Escólex de Taenia saginata *fijado a la mucosa intestinal.*

104
Aparato reproductor de Taenia solium.

doble círculo de ganchos en la parte apical denominado *rostelo* (fig. 102), y el estróbilo puede estar formado por un número de anillos de hasta 1 000, los cuales van aumentando de tamaño a medida que se alejan del escólex (fig. 101). Poseen una cutícula que recubre todo el cuerpo y haces musculares, circulares y longitudinales.

Carecen de tubo digestivo; se alimentan gracias a poseer una cutícula permeable a los nutrientes. Si hay oxígeno en el ambiente, se aprovecha para la respiración, si bien predomina la respiración anaerobia. Presentan una estructura excretora en forma de protonefridios y un par de conductos excretores comunes a todo el individuo, aunque existen numerosas células flamígeras en cada proglótide. El sistema nervioso consta de un anillo en el escólex, con inervaciones a las ventosas y al rostelo, y tres pares de ganglios longitudinales que van a las proglótides.

El aparato reproductor es especial, ya que cada proglótide, desde un cierto nivel, posee un sistema reproductor completo. Son hermafroditas. El aparato reproductor masculino presenta una modificación, pues sólo tiene una vesícula seminal. Así mismo, en el femenino el útero es extremadamente largo y presenta numerosas circunvo-

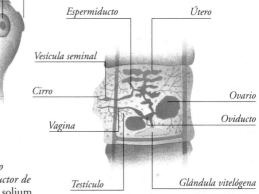

Rostelo

Ventosas

Espermiducto

Útero

Vesícula seminal

Cirro

Ovario

Oviducto

Vagina

Testículo

Glándula vitelógena

luciones (fig. 104). Las cloacas genitales son laterales y alternan su disposición a derecha e izquierda. El sistema masculino madura primero. La fecundación puede realizarse entre los sistemas de una misma proglótide o los de dos separadas; excepcionalmente, puede ser cruzada, entre dos individuos parásitos del mismo huésped.

Taenia solium es un comensal, más que un parásito, del intestino delgado del hombre, y su longitud varía entre

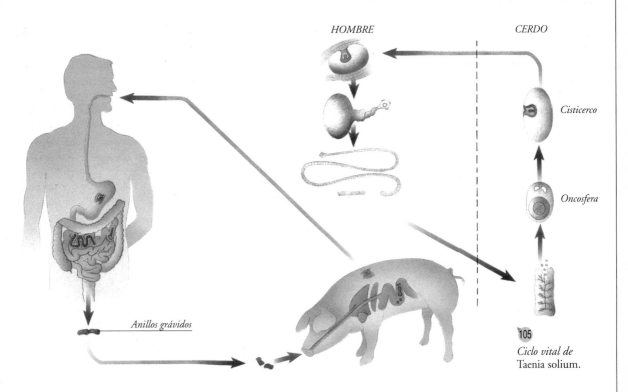

HOMBRE CERDO

Cisticerco

Oncosfera

Anillos grávidos

105
Ciclo vital de
Taenia solium.

2 y 5 m, aunque, excepcionalmente, puede alcanzar los 8 o 9 m. La tenia se fija al intestino por medio de los ganchos que posee en el escólex; los anillos grávidos, debido a su peso, se van desprendiendo y salen al exterior con las heces. Cuando un cerdo (que hace de huésped intermediario) come alimentos contaminados, los huevos quedan libres en su estómago y, al pasar al intestino delgado, se convierten en *oncosferas* (larvas provistas de ganchos). Éstas, a su vez, penetran en la sangre y son repartidas a todo el cuerpo, en especial a los músculos esqueléticos, donde crecen y se transforman en larvas *cisticerco* que ya poseen un escólex desarrollado. El hombre puede ingerir carne de cerdo con cisticercos; al llegar las larvas al intestino delgado, el escólex se fija a la mucosa intestinal y empieza la formación de proglótides; el desarrollo total de la tenia se alcanza al cabo de 8-10 semanas (fig. 105).

Otros Cestodos son *Taenia saginata,* parásito más frecuente en el hombre que *Taenia solium* y cuya principal diferencia con respecto a ésta es no poseer ganchos en el escólex (fig. 106a); *Dibothriocephalus latus,* botriocéfalo (fig. 106c), parásito del intestino del hombre y de mamíferos piscívoros (parasita los músculos de los peces); y la tenia equinococo, *Echinococcus granulosus* (fig. 106b), parásito del perro y que, en fase larvaria, produce quistes hidatídicos cuyo peligro consiste en la gran compresión que pueden ejercer sobre los órganos cercanos.

106
Otros Cestodos.

a) Cabeza inerme de
Taenia saginata

b) Tenia equinococo

c) Botriocéfalo

Nemertinos: Características generales y clasificación

Tipo Nemertinos

Son metazoos protóstomos de aspecto vermiforme que presentan simetría bilateral. Su cuerpo es alargado, blando y muy contráctil, y no se aprecian segmentos. El celoma ha desaparecido: ha sido sustituido totalmente por parénquima. Una de las características más típicas de este grupo es que poseen una trompa o *probóscide* que se sitúa en una cavidad denominada *rincocele,* por lo que el grupo también recibe el nombre de Rincocelos. El rincocele se sitúa

dos por la parte anterior; a menudo entre los grandes vasos existen conexiones transversales en la cabeza y alrededor del tubo digestivo; el sistema es cerrado. No existen órganos respiratorios diferenciados y la respiración se realiza por difusión a través de la pared del cuerpo. El aparato excretor se sitúa en la parte anterior del cuerpo; consta de un par de conductos laterales con numerosas ramas, algunas de las cuales poseen células flamígeras que suelen agruparse de tres en tres o de cuatro en cuatro. La

ramilletes, cada uno de los cuales desemboca en un conducto diferente. El sistema nervioso comprende dos grandes ganglios cerebroides, unidos por comisuras (dorsal y ventral), que delimitan un anillo que rodea la trompa. De los ganglios cerebroides parten dos cordones ganglionares, a izquierda y derecha, uno dorsal y dos subdorsales, todos ellos con conectivos transversales. Como órganos de los sentidos presentan ojos simples en la parte anterior, una foseta sensorial ciliada denominada *órgano frontal,*

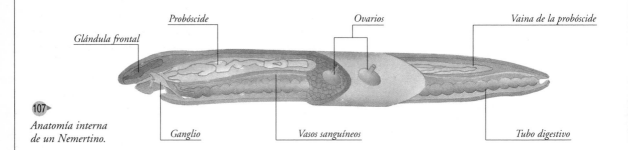

107▶

Anatomía interna de un Nemertino.

encima del tubo digestivo y se estrecha y prolonga hasta llegar prácticamente al ano. La parte anterior de la trompa es evaginable, toda ella musculosa y con un músculo retractor terminal (fig. 107). En algunas ocasiones el orificio de la boca y el de la trompa es común.

Los Nemertinos están enteramente cubiertos de cilios y en su tegumento poseen numerosas glándulas que segregan mucus. Bajo la epidermis se encuentran la dermis y capas musculares circulares y longitudinales (figs. 108 y 109). El tubo digestivo es completo, rectilíneo y ciliado. Se compone de boca, esófago, del que parte un ciego, estómago, alargado y que presenta otro ciego, intestino, provisto de pequeños ciegos laterales de forma irregular, recto y ano. El aparato circulatorio está formado por un gran vaso dorsal y dos vasos laterales reuni-

salida al exterior de los productos de excreción se efectúa por dos orificios excretores laterales. En el caso de los Nemertinos terrestres, se pueden observar gran cantidad de orgánulos independientes; están compuestos de 6-10 protonefridios agrupados en

donde desembocan dos glándulas mucosas, y dos órganos cerebrales, invaginaciones que poseen células glandulares y sensoriales y cuya misión es, probablemente, olfativa. Algunas especies de Nemertinos poseen también estatocistos.

108

Sección transversal de un Nemertino.

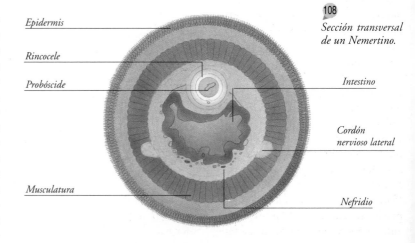

Suelen ser dioicos, con pocos casos de hermafroditismo. El sistema reproductor está formado por testículos y ovarios en forma de saco (muy parecidos en ambos sexos) que se alojan entre los ciegos del tubo digestivo; presentan una distribución metamérica. No existen gonoductos, y los gametos salen por la pared del cuerpo del individuo, que se abre cuando llega la madurez sexual. La fecundación es externa. La mayoría de Nemertinos son ovíparos: las puestas se componen de huevos aglutinados con mucus y

autores. Poseen características de los dos grupos.

Son mayoritariamente marinos y viven escondidos y arrollados bajo piedras o en cavidades; son bentónicos litorales, pero también hay alguno pelágico o de grandes profundidades; un pequeño grupo tiene hábitats diversos, como aguas dulces, tierra o masas de huevos de determinados animales. Su tamaño oscila entre 5 mm y 25 m, pero el más común es de varios centímetros. Se alimentan de otros

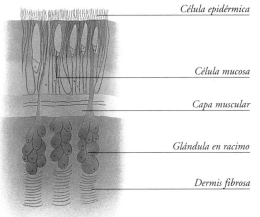

110
Larva pilidio.

animales, vivos o muertos, y se desplazan nadando o reptando. Presentan colores variados, uniformes o con bandas longitudinales o transversales. Son ejemplos de Nemertinos *Lineus* (marino), *Prostoma* (de agua dulce) o *Geonemertes* (género tropical que vive en tierra húmeda).

Se clasifican según la disposición del sistema nervioso entre las capas musculares y según que la trompa sea inerme o esté armada:

109
Tegumento.

Célula epidérmica

Célula mucosa

Capa muscular

Glándula en racimo

Dermis fibrosa

Clase	Características
Anoplos	Inermes. Sistema nervioso bajo la epidermis o entre los músculos
Enoplos	Armados. Sistema nervioso dentro de los músculos de la pared del cuerpo

presentan forma de paquete o de placa. El desarrollo más general es el indirecto, por medio de una *larva pilidio,* lobulada y ciliada (fig. 110). Pueden sufrir procesos de regeneración: cada fragmento puede regenerar al individuo completo, siempre que posea una pequeña parte del rincocele; algunos se reproducen regularmente por fragmentación en tiempo cálido. Se ha observado que un Nemertino, en estados no favorables por falta de alimento, devora parte de sus células y disminuye de tamaño. Los Nemertinos están próximos a los Platelmintos y los Anélidos, pero no puede asegurarse que sean un puente entre ambos, como afirman algunos

a) Lineus bilineatus

111
Algunas formas representativas de Nemertinos.

b) Cerebratulus fuscus

Asquelmintos: Características generales y clasificación

 Con la denominación de Asquelmintos se agrupan diferentes tipos de invertebrados de aspecto vermiforme, insegmentados, provistos de una cavidad única no celomática. Se puede distinguir entre formas con restos blastocélicos (tipos Rotíferos, Gastrotricos, Quinorrincos y Nematodos) y formas seudocelomadas (tipos Priapuloideos, Nematormorfos, Acantocéfalos y Gnatostomúlidos).

Tipo Rotíferos

Presentan una corona de cilios en la región cefálica, llamada *troca,* y otra posoral, denominada *cíngulo,* aunque esta última puede faltar. La parte inferior recibe el nombre de pie y termina en forma de horquilla (*furca*). Poseen un órgano masticador (*mástax*), formado por varias piezas. En la base del pie existe una glándula que segrega una sustancia que, en contacto con el agua, se endurece y permite la fijación del animal (*glándula pedia*). Aunque hay machos y hembras (de mayor tamaño que los anteriores), es corriente la partenogénesis cíclica. Son marinos, de agua dulce o parásitos, transparentes y con un tamaño entre 0,1 y 0,4 mm. Hay individuos herbívoros, depredadores... Ejemplos típicos son *Rotifer* y *Zelinkiella* (fig. 112a).

Tipo Gastrotricos

Poseen dos coronas de cilios, una apical alrededor de la boca (cilios labiales) y luego otra a continuación (cilios cefálicos). También presentan cilios en la superficie ventral y algunas quetas. Están provistos de furca. Su esófago es suctor. Se diferencian de los Rotíferos por la estructura del tubo digestivo y del sistema nervioso. Son marinos, bentónicos, de un tamaño entre 0,1 y 1,5 mm, y presentan sólo coloración intestinal. Son ejemplos característicos de este tipo *Chaetonotus y Tetranchyroderma* (fig. 112b).

Tipo Quinorrincos

Presentan una trompa (*introverto*), con espinas quitinosas dispuestas en bandas y círculos, que utilizan para excavar. El tronco presenta seudosegmentación (11 falsos anillos). La cutícula tiene una serie de placas con apófisis espinosas. El desarrollo es directo, pero el crecimiento es anamorfo. Son marinos, viven entre el fango, la arena o raíces, y se alimentan de algas o detritos. Son transparentes y alcanzan hasta 1 mm de longitud. Ejemplo típico es *Echinoderes* (fig. 112c).

Tipo Nematodos

Tienen un cuerpo cilíndrico, alargado y terminado en punta por ambos lados, y recubierto por una cutícula lisa o estriada. Sólo presentan musculatura longitudinal. Si hay quetas, suelen ser 6 labiales y 4 cefálicas (función táctil). La cavidad bucal puede ser inerme o armada. Carecen de órganos circulatorios, respiratorios y, en ocasiones, excretores. El sistema nervioso queda reducido al anillo periesofágico. Presentan unos órganos quimiorreceptores laterales denominados *anfidios;* algunos tienen ocelos sensibles a la intensidad lumínica. Las hembras son mayores que los machos y éstos poseen unas papilas pedunculadas que dan lugar a un órgano copulador. La fecundación es interna y el desarrollo, directo, aunque se pasa por varios estadios juveniles. Hay Nematodos marinos, de agua dulce y de tierra húmeda, libres, comensales y parásitos. Son cosmopolitas, típicamente transparentes y de un tamaño entre 0,5 mm y 1 m. Ejemplo típico es *Ascaris,* parásito del intestino del cerdo y del hombre (fig. 112 d).

Tipo Priapuloideos

Poseen una trompa anterior retráctil con filas longitudinales de espinas y papilas; tronco con anillos y repliegues y, en general, con una o dos prolongaciones posteriores que presentan unas excrecencias blandas y huecas semejantes a branquias. La trompa sirve para excavar. Son cosmopolitas, marinos bentónicos y viven enterrados en el barro. Son carnívoros y de coloración amarillenta o parda. Su tamaño puede llegar a los 20 cm. Ejemplo típico es *Priapulus* (fig. 112e).

Tipo Nematomorfos

Presentan una cutícula con placas o papilas. El tubo digestivo ha degenerado. Carecen de órganos circulatorios, respiratorios y excretores. Dioicos con desarrollo directo, son parásitos, marinos o de agua dulce. Miden de 1 a 70 cm y las hembras son más largas. Opacos, su coloración es amarilla, parda o negra. Representante típico es *Gordius,* parásito de insectos (fig. 112f).

Tipo Acantocéfalos

Poseen una probóscide retráctil con ganchos que se clavan en el huésped (los adultos parasitan vertebrados, y las larvas, generalmente, artrópodos). En la región del cuello poseen dos sacos internos (*lemniscos*) que almacenan líquido. Carecen de órganos digestivos, respiratorios y circulatorios. Son de colores blancos o anaranjados. Los machos pueden medir hasta 10 cm y las hembras, 5 o 6 veces más. Son ejemplos típicos *Gigantorhynchus,* parásito del cerdo, y *Leptorhynchoides* (fig. 112g).

Tipo Gnatostomúlidos

Poseen un aparato bucal formado por una sustancia rígida. Carecen de órganos circulatorios y respiratorios. Son hermafroditas de fecundación cruzada y desarrollo directo. Poseen cilios para facilitar el movimiento. Son marinos y viven adheridos a partículas de arena. Son transparentes y su tamaño varía entre 0,3 y 1 mm. Ejemplo característico de este tipo es *Problognathia* (fig. 112h).

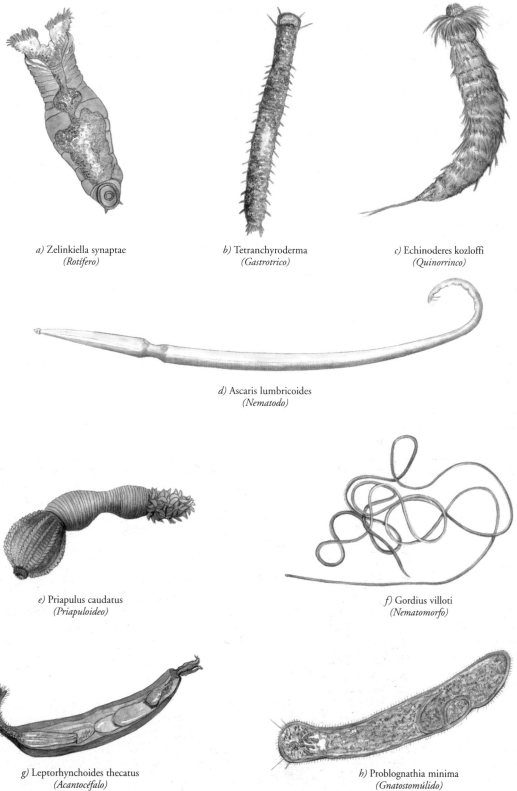

112

Algunas formas características de los diferentes tipos zoológicos integrados en el grupo de los Asquelmintos.

a) Zelinkiella synaptae
(Rotífero)

b) Tetranchyroderma
(Gastrotrico)

c) Echinoderes kozloffi
(Quinorrinco)

d) Ascaris lumbricoides
(Nematodo)

e) Priapulus caudatus
(Priapuloideo)

f) Gordius villoti
(Nematomorfo)

g) Leptorhynchoides thecatus
(Acantocéfalo)

h) Problognathia minima
(Gnatostomúlido)

Moluscos (I): Características generales

Tipo Moluscos

Son celomados protóstomos con simetría, en principio, bilateral, y cuerpo blando e insegmentado en el que se distinguen: cabeza (portadora de tentáculos, ojos y otocistos), pie y masa visceral (en la que se incluyen la mayoría de órganos) (fig. 113a). El pie puede ser plano en forma de suela (platípodo), como en los caracoles; en forma de hacha (pelecípodo),

que permite el anclaje, como en el caso de las almejas; o escindido en lóbulos en forma de brazo como, por ejemplo, en el calamar (fig. 115). Presentan un repliegue dorsal, el *manto,* que cubre total o parcialmente al animal y por su parte externa segrega la concha. Ésta consta de tres capas: la más externa es de naturaleza quitinoide (*periostraco*), la intermedia posee conquiolina, proteína que se impregna de carbonato cálcico

(*ostraco*), y la inferior es laminar y nacarada (*hipostraco*). Si entre la concha y el manto se intercala algún objeto, el molusco lo envuelve mediante capas de nácar, produciéndose de esta manera la perla. La concha es de forma variable y puede presentarse entera o dividida en dos valvas, o no presentarse por pérdida secundaria. El manto deja una cavidad, el palio o cavidad paleal, cuya función es predominantemente respiratoria.

113

Esquema del arquetipo de molusco primitivo. Visión lateral.

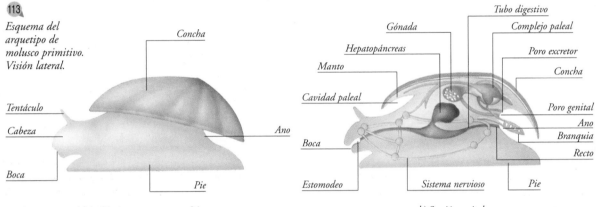

a) Morfología externa y partes del cuerpo

b) Sección sagital

114

Eclosión de caracoles Helix aspersa, *moluscos pertenecientes a la clase Gasterópodos.*

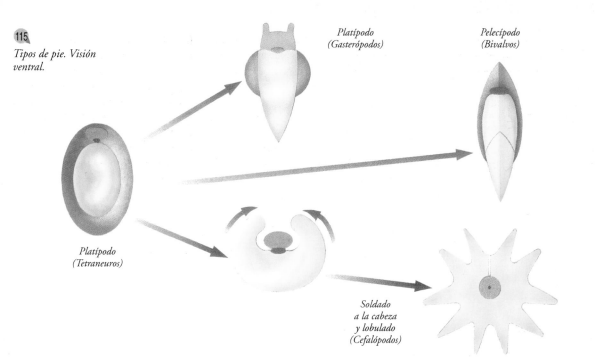

115

Tipos de pie. Visión ventral.

Platípodo
(Gasterópodos)

Pelecípodo
(Bivalvos)

Platípodo
(Tetraneuros)

Soldado
a la cabeza
y lobulado
(Cefalópodos)

Aunque el aspecto externo y el tamaño son muy variables según los diferentes grupos, la organización interna de los moluscos es bastante homogénea (fig. 113b).

El *celoma* queda reducido a una cavidad pericárdica donde se aloja el corazón y a otra donde se alojan las gónadas (gonocele), y que a la vez realiza funciones excretoras (nefrocele); todo ello se denomina *complejo paleal* y se localiza en la masa visceral. Paralelamente a la reducción del celoma aparecen los hemoceles, cavidades esquizocélicas en conexión con el aparato circulatorio.

El aparato digestivo (fig. 116) es rectilíneo, pero presenta circunvoluciones. Comienza en la boca, le sigue la faringe provista de una *rádula,* lengua con dientes retráctiles dispuestos en filas en la parte superior; a continuación, el esófago conectado con el hepatopáncreas, el estómago, el intestino, el recto y el ano, que se abre en la cavidad paleal. A menudo existen glándulas salivales y, en algunos casos, mandíbulas. El régimen alimentario es herbívoro en los terrestres (caracol), micrófago o filtrador en los que no tienen ni mandíbulas ni rádula (mejillón) y carnívoro o depredador en los que poseen mandíbulas y rádula (calamar). La respiración se realiza por medio de *branquias* en los moluscos acuáticos, pero en los terrestres se efectúa en la cavidad paleal, que se cierra, y el aire entra y sale por un poro (*neumostoma*) que funciona, por tanto, como pulmón.

116

Aparato digestivo.

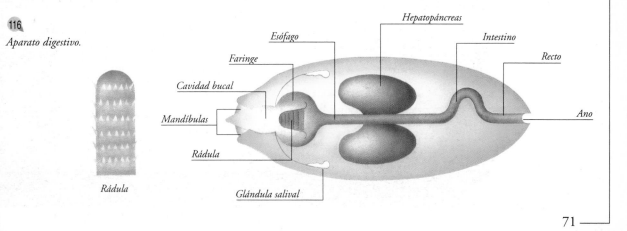

Hepatopáncreas

Esófago

Intestino

Faringe

Recto

Cavidad bucal

Mandíbulas

Ano

Rádula

Glándula salival

Rádula

Moluscos (II): Características generales (continuación) y clasificación

El aparato circulatorio está formado por un corazón, alojado en el pericardio, que consta de un ventrículo y uno o dos pares de aurículas, que recogen la sangre de igual número de branquias, y un gran vaso dorsal, denominado aorta por analogía (fig. 117). El líquido circulatorio es azul debido al pigmento respiratorio que contiene (*hemocianina*). La excreción se realiza por uno, dos o seis pares de nefridios. El sistema nervioso, muy evolucionado, está formado por un collar periesofágico, por ganglios y por nervios. Los moluscos más primitivos tienen cuatro conectivos (*tetraneuros*), mientras que los más evolucionados presentan solamente dos (*dineuros*) (fig. 118).

En cuanto a los órganos de los sentidos, se distinguen: los táctiles (tentáculos) y los visuales, situados en la cabeza; los quimiorreceptores del olfato y el gusto (*osfradios*), cerca del ano; y los acústicos y del equilibrio (*otocistos*), en la región cefálica. Los ojos no forman imágenes, salvo en los Cefalópodos, cuyos ojos son comparables en complejidad a los de los vertebrados.

Los Moluscos suelen ser individuos unisexuados, aunque algunos son hermafroditas. Las gónadas son impares y presentan un solo gonoducto por atrofia del otro. La fecundación

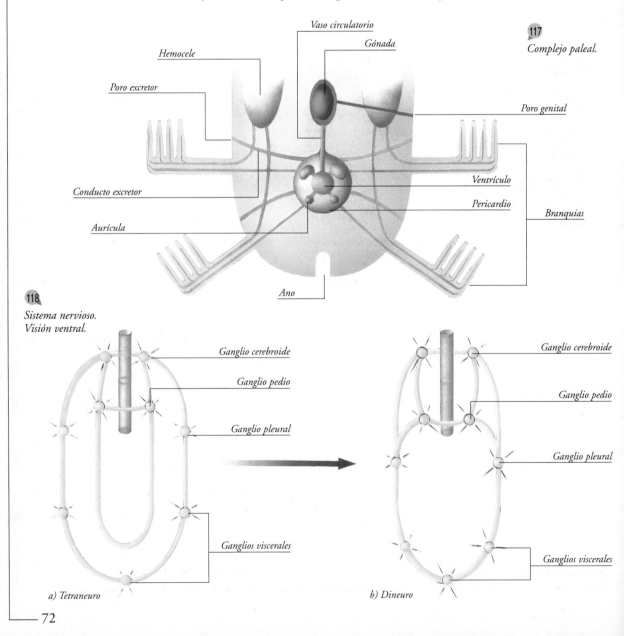

117 Complejo paleal.

Vaso circulatorio

Gónada

Hemocele

Poro excretor

Poro genital

Conducto excretor

Ventrículo

Pericardio

Aurícula

Branquias

Ano

118 Sistema nervioso. Visión ventral.

Ganglio cerebroide

Ganglio pedio

Ganglio pleural

Ganglios viscerales

Ganglio cerebroide

Ganglio pedio

Ganglio pleural

Ganglios viscerales

a) Tetraneuro

b) Dineuro

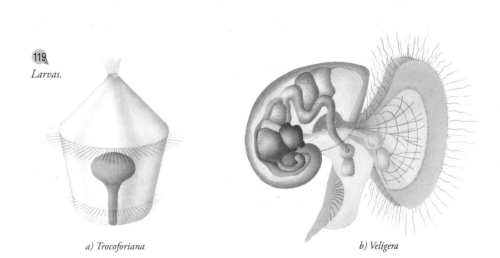

119

Larvas.

120

Detalle de las ventosas de los tentáculos de un pulpo común (Octopus vulgaris).

a) Trocoforiana

b) Velígera

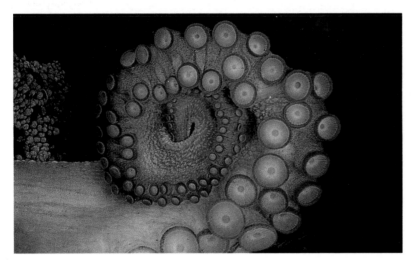

otros que han colonizado el medio terrestre (Pulmonados), aunque no han conseguido independizarse totalmente del medio acuático, ya que necesitan un elevado grado de humedad para respirar.

El tamaño de los Moluscos es variable, desde menos de un centímetro a varios metros; a excepción de los Cetáceos, pertenecen a este grupo los animales de mayor tamaño.

Atendiendo al sistema nervioso, a la concha y al pie, los Moluscos se clasifican en los siguientes grupos:

es interna, por lo que existe pene en los machos. En la mayoría de moluscos marinos, salvo en los Cefalópodos, el desarrollo es indirecto, por medio de larvas trocoforianas y velígeras (fig. 119). El desarrollo de los Moluscos es muy similar al de los Anélidos, lo cual induce a pensar que tienen su origen en un mismo tronco.

Originariamente marinos, la mayoría de Moluscos son bentónicos y viven sobre rocas y arrecifes o enterrados en el fango o la arena. Algunos se han adaptado a la vida pelágica y nadan activamente (Cefalópodos). También existen algunos de agua dulce y

Clase	Características
Monoplacóforos	Tetraneuros, concha de 1 sola pieza
Poliplacóforos	Tetraneuros, concha con 8 placas articuladas
Aplacóforos (= Solenogastros)	Tetraneuros, sin concha
Gasterópodos	Dineuros, con pie reptante
Escafópodos	Dineuros, con pie excavador
Bivalvos	Dineuros, con concha dividida en dos valvas y, en la mayoría, pie excavador
Cefalópodos	Dineuros, con pie modificado, soldado a la cabeza y dividido en brazos

Moluscos (III): Clases Monoplacóforos, Poliplacóforos y Aplacóforos

Clase Monoplacóforos

Se conocen muy pocas especies vivientes y habitan las zonas profundas (3000-5000 m) de los océanos Pacífico y Atlántico. Se consideran moluscos arcaicos, ya que conservan restos de metamerización interna (se supone que son una forma intermedia entre Anélidos y Moluscos). Tienen una concha única con 8 pares de impresiones musculares y pie plano en forma de suela (platípodo). El corazón presenta únicamente un ventrículo y dos pares de aurículas. Anatómicamente hay 5 pares de branquias, pero morfológicamente sólo hay 2, en forma de peine. La excreción es por medio de 6 pares de nefridios. El sistema nervioso es tetraneuro y los órganos de los sentidos están muy atrofiados.

Son filtradores de detritos y pequeños organismos suspendidos en el agua. La especie mejor conocida es *Neopilina galatheae,* de 2-3 cm de tamaño (fig. 121).

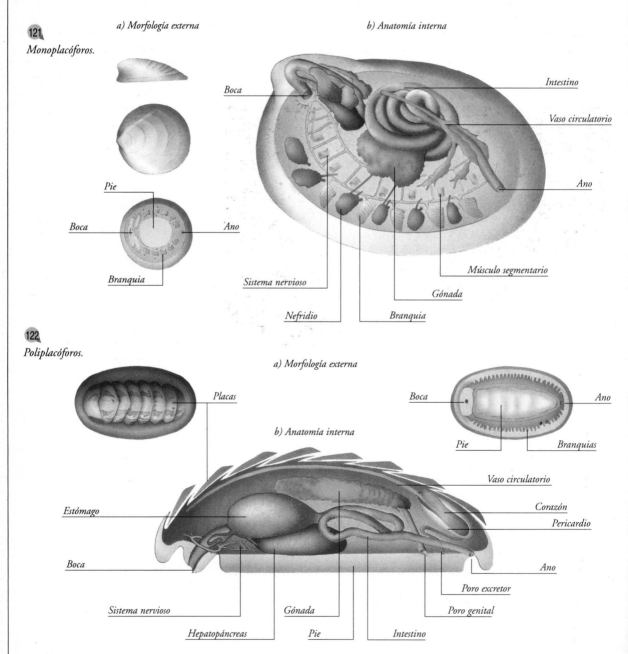

121 Monoplacóforos.

a) Morfología externa

b) Anatomía interna

Boca

Intestino

Vaso circulatorio

Pie

Boca

Ano

Ano

Branquia

Músculo segmentario

Sistema nervioso

Gónada

Nefridio

Branquia

122 Poliplacóforos.

a) Morfología externa

Placas

Boca

Ano

Pie

Branquias

b) Anatomía interna

Vaso circulatorio

Estómago

Corazón

Pericardio

Boca

Ano

Poro excretor

Poro genital

Sistema nervioso

Gónada

Pie

Intestino

Hepatopáncreas

Clase Poliplacóforos

Los indivuduos de este grupo presentan una concha metamerizada (carácter arcaico) dividida en 8 placas articuladas, lo que les permite arrollarse en forma de bola; las 6 placas intermedias tienen unas papilas (*estetas*) que atraviesan la concha y son ojos paleales. El manto dispone de espículas paleales y sus bordes se utilizan como ventosas. Tienen el cuerpo deprimido, el pie es platípodo y la cabeza carece de órganos sensoriales.

Complejo paleal con un corazón con un solo par de aurículas, un par de branquias morfológicas (anatómicamente puede haber hasta 16), un par de nefridios y el gonocele con un gonoducto. Poseen un sistema nervioso tetraneuro. Son unisexuados, con desarrollo semidirecto mediante una forma juvenil que se comporta como una larva pelágica.

Son marinos y habitan la zona intermareal de aguas cálidas. Tienen un tamaño de 1 a 12 cm y régimen alimentario herbívoro. Dos ejemplos característicos son los géneros *Chiton* y *Cryptoplax* (fig. 122).

Clase Aplacóforos

En las especies que componen este grupo han desaparecido las placas y el cuerpo está completamente cubierto de espículas. Los bordes del manto se sueldan ventralmente formando un tubo que encierra la cavidad paleal y el pie (figs. 123 a, b).

La organización interna es parecida a la de los Poliplacóforos, grupo del cual, al parecer, derivan. En este grupo hay individuos que presentan los conectivos nerviosos de cada lado muy próximos, y ello puede dar la clave del origen de los Moluscos dineuros (fig. 123c). El desarrollo es indirecto, y se realiza por medio de larvas trocóforas.

Son individuos marinos que pueden vivir hasta a unos 4 000 m de profundidad. Muchos de ellos viven en el lodo y se nutren de microorganismos, mientras que otros se arrastran sobre *Zostera* y cnidarios y roen sus tejidos con la rádula. Son dos ejemplos característicos de esta clase *Pachymenia* y *Chaetoderma*.

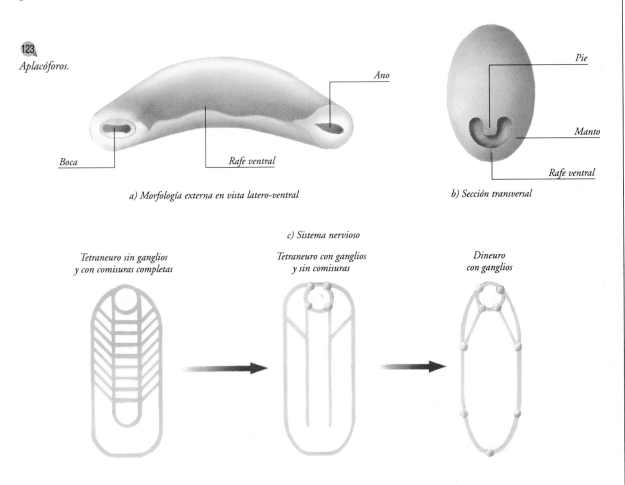

123

Aplacóforos.

Ano

Boca

Rafe ventral

a) Morfología externa en vista latero-ventral

Pie

Manto

Rafe ventral

b) Sección transversal

c) Sistema nervioso

Tetraneuro sin ganglios y con comisuras completas

Tetraneuro con ganglios y sin comisuras

Dineuro con ganglios

Moluscos (IV): Clases Gasterópodos y Escafópodos

Clase Gasterópodos

En los individuos de este grupo, la cabeza y el pie (platípodo) tienen simetría bilateral, que se pierde en la masa visceral, el manto y la concha a causa de un fenómeno de flexión acompañado de un arrollamiento de

giras; en algunas, hay un opérculo permanente. El pie puede estar comprimido verticalmente (*heterópodo*) o presentar un par de aletas laterales cerca de la cabeza (*pterópodo*); en ambos casos, los individuos nadan activamente. La mayoría presenta desa-

y habitan el bentos marino (*Haliotis, Patella*). Los Opistobranquios se considera que derivan de los Prosobranquios y que han sufrido un proceso de enderezamiento no perfecto del sistema nervioso (son eutineuros secundarios); tienen branquias posteriores y

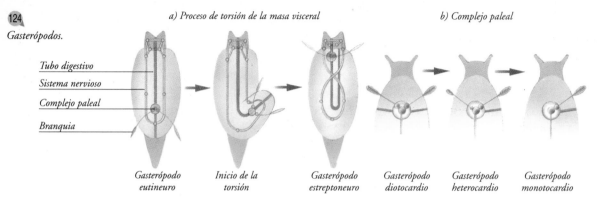

124
Gasterópodos.

a) Proceso de torsión de la masa visceral

b) Complejo paleal

Tubo digestivo
Sistema nervioso
Complejo paleal
Branquia

Gasterópodo eutineuro — Inicio de la torsión — Gasterópodo estreptoneuro — Gasterópodo diotocardio — Gasterópodo heterocardio — Gasterópodo monotocardio

la masa visceral (debido a un desmesurado crecimiento) y de otro de torsión de 180° del complejo paleal (fig. 124a). Estos fenómenos llevan a que los conectivos del sistema nervioso se entrecrucen (el sistema pasa de *eutineuro* a *estreptoneuro*) y a que en el complejo paleal se atrofien una aurícula, un riñón y una branquia de un costado del cuerpo (pasa de *diotocardio* a *monotocardio*) (fig. 124b). Si existe concha, ésta es *dextrógira* (arrollada en el sentido de las agujas del reloj), aunque también las hay *levó-*

rrollo indirecto con larva velígera. Suelen ser herbívoros, pero los hay depredadores.

La clase Gasterópodos se divide en 3 subclases: Prosobranquios, Opistobranquios y Pulmonados. Los Prosobranquios son los más primitivos, con concha bien desarrollada y generalmente cerrada por un opérculo; las branquias se alojan en una cavidad dorsal abierta por la parte anterior; sistema nervioso estreptoneuro (ganglios entrecruzados); son unisexuados

son monotocardios detorsionados; el pie está modificado, con lóbulos a cada lado en forma de láminas; son hermafroditas, marinos y pelágicos, con concha univalva o bivalva (Tectibranquios, como *Phylina*), o sin ella (Nudibranquios); algunos han perdido las branquias y respiran por apéndice dorsal vascularizado. Los Pulmonados son monotocardios de respiración aérea (la cavidad paleal funciona como pulmón); el fenómeno de torsión no afecta al sistema nervioso, ya que las comisuras nerviosas son demasiado cortas; son hermafroditas; como ejemplo, el caracol de huerta, *Helix,* ampliamente repartido por Europa central.

Su cabeza tiene 2 pares de tentáculos, sobre uno de los cuales se encuentran los ojos; la boca se abre en posición ventral y el poro genital está a un lado. El pie es platípodo y sobre él se halla la concha. En la masa visceral se encuentran el riñón, el pulmón y el hepatopáncreas, y en ella se distinguen el ano y los orificios excretor y respiratorio (neumostoma). Aparato digestivo en forma de U, con mandíbula,

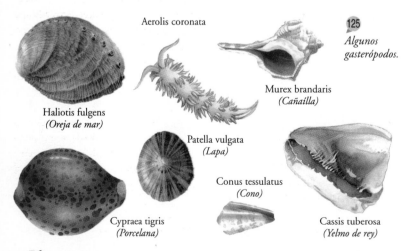

Aerolis coronata

125
Algunos gasterópodos.

Murex brandaris
(Cañaílla)

Haliotis fulgens
(Oreja de mar)

Patella vulgata
(Lapa)

Conus tessulatus
(Cono)

Cypraea tigris
(Porcelana)

Cassis tuberosa
(Yelmo de rey)

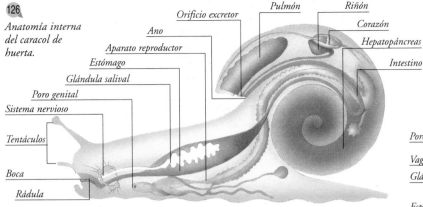

126

Anatomía interna del caracol de huerta.

Orificio excretor
Pulmón
Riñón
Ano
Corazón
Aparato reproductor
Hepatopáncreas
Estómago
Intestino
Glándula salival
Poro genital
Sistema nervioso
Tentáculos
Boca
Rádula

127

Aparato reproductor del caracol de huerta.

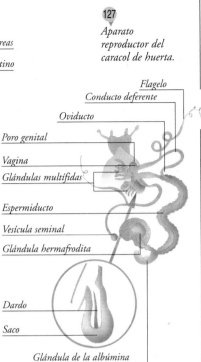

Flagelo
Conducto deferente
Oviducto
Poro genital
Vagina
Glándulas multífidas
Espermiducto
Vesícula seminal
Glándula hermafrodita
Dardo
Saco
Glándula de la albúmina

rádula y glándulas salivales. Corazón con una aurícula y un ventrículo. Excreción por un solo riñón, situado en el lado izquierdo. Sistema nervioso con glanglios concentrados en la región cefálica. Como órganos de los sentidos encontramos ojos, tentáculos, osfradios y otocistos (fig. 126).

Son hermafroditas, de aparato reproductor complicado: una glándula única, el *ovotestículo,* de la que sale un canal hermafrodita que recibe las secreciones de las glándulas albuminípara y mucípara, y que antes de llegar a la cloaca se divide en un espermiducto (del que parte un receptáculo seminal, denominado flagelo, que continúa en un conducto deferente y acaba en un pene) y un oviducto del que deriva un receptáculo seminal. Al lado

del pene aparece un *cirro* o *dardo* que sobresale en la cópula y que excita al otro individuo (fig. 127). El desarrollo es directo.

Los *Helix* son activos de noche y cuando hay humedad, y se deslizan sobre una pista de mucus que segrega una glándula pedia. Son herbívoros y causan grandes daños en huertos, o incluso en árboles. En tiempo seco retraen cabeza y pie dentro de la concha formando una cubierta (*epifragma*) que cierra la abertura y evita la desecación.

Clase Escafópodos

Estos moluscos presentan la concha en forma de tronco de cono ligeramente curvado, debido a que el cuerpo del animal está alargado y el manto,

soldado ventralmente. Estas modificaciones inducen cambios: el pie se convierte en órgano excavador, la cabeza se reduce, no existen ojos ni tentáculos (pero se desarrollan los captáculos, muy numerosos y delgados, para captar presas).

Aparato digestivo provisto de rádula y con numerosos lóbulos hepáticos. Circulación abierta, sin corazón. Sin branquias, utilizan la cavidad paleal para la respiración. Poseen dos riñones y una gónada relacionada con el riñón derecho, y sistema nervioso con los ganglios cerebroides fusionados. Son unisexuados, con desarrollo indirecto por medio de larvas trocoforianas.

Son marinos y viven enterrados en el fango o la arena, desde aguas poco profundas hasta los 5 000 m. Un ejemplo característico de esta clase es el *Dentalium* (fig. 128).

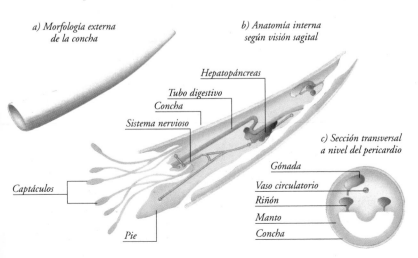

a) Morfología externa de la concha

b) Anatomía interna según visión sagital

Hepatopáncreas
Tubo digestivo
Concha
Sistema nervioso
Captáculos
Pie

c) Sección transversal a nivel del pericardio

Gónada
Vaso circulatorio
Riñón
Manto
Concha

128 *Escafópodos.*

Moluscos (V): Clase Bivalvos

Clase Bivalvos

Carecen de simetría bilateral. Presentan concha dividida en dos mitades articuladas dorsalmente por la *charnela*. Presentan modificaciones tan importantes como: reducción de la cabeza hasta su desaparición (Acéfalos); en la mayoría, el pie se transforma en un órgano excavador en forma de hacha (pelecípodo); también en la mayoría las

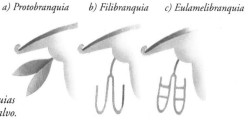

129 Anatomía interna de bivalvo.

Músculos aductores
Sistema nervioso
Ano
Corazón
Riñón
Hepatopáncreas
Boca
Sifón exhalante
Sifón inhalante
Pie
Gónada
Manto
Branquia
Tubo digestivo

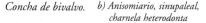

130 Concha de bivalvo.

b) Anisomiario, sinupaleal, charnela heterodonta

a) Protobranquia   b) Filibranquia   c) Eulamelibranquia

a) Isomiario, integripaleal, charnela heterodonta

c) Charnela taxodonta

131 Branquias de bivalvo.

branquias son laminares (Lamelibranquios). Muchos poseen sifones para regular el flujo de agua que entra y sale de la cavidad del manto.

Los órganos cefálicos se han perdido y presentan órganos sensoriales en los bordes del manto (tales como tentáculos marginales y ojos paleales). Carecen de rádula, por lo que su régimen alimentario pasa a ser micrófago (se nutren por filtración). En el complejo paleal se observan 2 aurículas, 2 branquias y 2 riñones (fig. 129). Unos son unisexuados y otros hermafroditas; el desarrollo es indirecto por medio de larvas velígeras y trocóforas.

Son marinos, aunque hay algunos de agua dulce. Unos se arrastran por el fondo, otros se adhieren a objetos sumergidos y muchos se entierran en la arena o en el barro; incluso hay especies que excavan en las rocas.

La clase Bivalvos se clasifica, atendiendo al tipo de charnela, de branquias y de músculos aductores, en las subclases: Taxodontos, Anisomiarios y Eulamelibranquios. Los Taxodontos

tienen charnela *taxodonta* (con una fila de dientes iguales), como *Arca*. Los Anisomiarios son *heteromiarios* o *monomiarios* (dos impresiones musculares diferentes o una sola, respectivamente); tienen charnela con 3, 1 o ningún diente, pie pelecípodo, concha normalmente más alta que ancha

132 Algunos bivalvos.

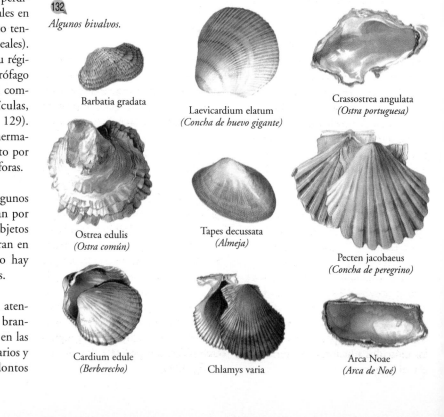

Barbatia gradata

Laevicardium elatum
(Concha de huevo gigante)

Crassostrea angulata
(Ostra portuguesa)

Ostrea edulis
(Ostra común)

Tapes decussata
(Almeja)

Pecten jacobaeus
(Concha de peregrino)

Cardium edule
(Berberecho)

Chlamys varia

Arca Noae
(Arca de Noé)

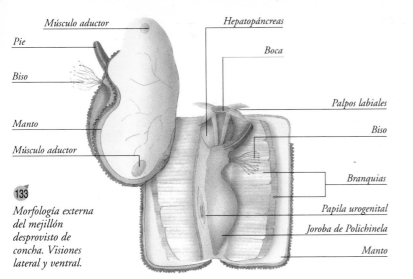

133

Morfología externa del mejillón desprovisto de concha. Visiones lateral y ventral.

Músculo aductor
Pie
Biso
Manto
Músculo aductor
Hepatopáncreas
Boca
Palpos labiales
Biso
Branquias
Papila urogenital
Joroba de Polichinela
Manto

Los órganos de los sentidos están limitados a células sensoriales que se reparten por todo el manto y son especialmente numerosas en el borde del mismo. Individuos unisexuados, las gónadas se encuentran en la masa visceral, en una zona alargada que recibe el nombre de *joroba de Polichinela*. El desarrollo es indirecto, por medio de larvas velígeras.

Los mejillones son animales sedentarios, aunque pueden desplazarse muy lentamente. Se alimentan filtrando plancton a través de las branquias.

y están provistos de *filibranquias* (por ejemplo, *Mytilus*). Los Eulamelibranquios son los bivalvos más evolucionados; presentan la charnela con los dientes muy desarrollados y *eulamelibranquias* (por ejemplo, *Tapes*) (figs. 133, 131).

Para el estudio de los Bivalvos puede tomarse como ejemplo el mejillón (*Mytilus*). La concha, más alta que ancha, está formada por dos valvas simétricas, articuladas dorsalmente sin que presenten dientes, es de color negro azulado, dispone de estrías que indican las etapas del crecimiento del animal y suele llevar adheridos otros animales, tales como Poliquetos Serpúlidos o Crustáceos Cirrípedos (fig. 135). Por la cara interna es nacarada y se distingue una línea paralela al margen (impresión paleal) que indica el lugar que ocupa el individuo y que, en este caso, presenta escotadura, por lo que se denomina *integripaleal* (en las almejas, típico ejemplo de Eulamelibranquios, existe escotadura, que corresponde al lugar ocupado por los sifones, y en este caso se denomina *sinupaleal*). También se observan las impresiones musculares, diferentes, siendo por tanto el individuo anisomiario. Las valvas de la concha se cierran por contracción de los músculos aductores y se abren gracias al ligamento.

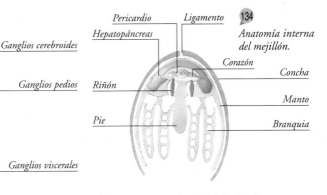

Ganglios cerebroides
Ganglios pedios
Ganglios viscerales

Pericardio
Hepatopáncreas
Riñón
Pie
Ligamento
Corazón
Concha
Manto
Branquia

134

Anatomía interna del mejillón.

a) Sistema nervioso

b) Sección transversal a nivel del pericardio

En el cuerpo, si se observa externamente, se distingue el *biso,* secreción viscosa que se desliza por el surco del pie y que se solidifica y da lugar a un filamento córneo que se pega a un soporte, fijando así al individuo.

El aparato digestivo no presenta rádula, pero sí cuatro *palpos labiales,* situados alrededor de la boca, cuya misión es crear corrientes de agua que lleven partículas nutricias a la misma. Cerca del estómago se sitúa el hepatopáncreas. La respiración se realiza por medio de un par de filibranquias y la excreción, por dos riñones (*órganos de Bojanus*) que comunican con la cavidad paleal (figs. 133, 134b). El sistema nervioso incluye dos ganglios cerebroides, dos pedios y dos viscerales (fig. 134a).

Son marinos y viven en las proximidades de las costas, fijados en general a rocas batidas por el oleaje. Existen criaderos para consumo humano. Viven en el Atlántico oriental y los mares del Norte y Mediterráneo.

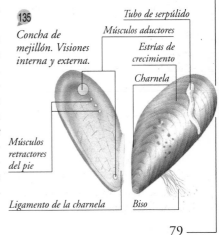

135

Concha de mejillón. Visiones interna y externa.

Músculos retractores del pie
Ligamento de la charnela
Tubo de serpúlido
Músculos aductores
Estrías de crecimiento
Charnela
Biso

Moluscos (VI): Clase Cefalópodos

Clase Cefalópodos

Son los moluscos más evolucionados. El pie aparece escindido en una serie de tentáculos que rodean la cabeza y poseen ventosas en sus extremos (fig. 137). Los más primitivos disponen de concha externa (*Nautilus*), mientras que los más evolucionados la tienen interna (*Sepia*) (fig. 138), llegando incluso a desaparecer (*Octopus*). En el cuerpo presentan numerosos *cromatóforos* que pueden cambiar de color por impulsos nerviosos. Son unisexuados. En la fecundación, el esperma es lanzado en cápsulas (*espermatóforos*) por el macho, que utiliza para ello un brazo modificado (*hectocótilo*). El desarrollo es directo. Los Cefalópodos alcanzan tamaños enormes. Son depredadores y cosmopolitas, y viven a profundidad variable.

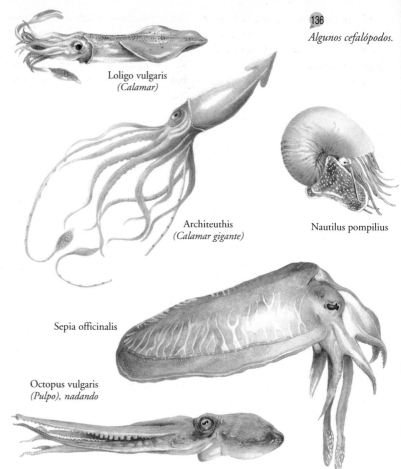

136 *Algunos cefalópodos.*

Loligo vulgaris
(*Calamar*)

Architeuthis
(*Calamar gigante*)

Nautilus pompilius

Sepia officinalis

Octopus vulgaris
(*Pulpo*), *en reposo*

Octopus vulgaris
(*Pulpo*), *nadando*

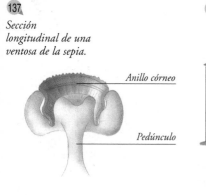

Se dividen en las subclases Tetrabranquios y Dibranquios, según el número de branquias. Los Tetrabranquios, los más primitivos, están representados únicamente en la actualidad por el género *Nautilus,* pero existen muchos fósiles, tales como *Ammonites.* En los Dibranquios, la concha, si existe, es interna. A este grupo pertenecen los Decápodos (sepias y calamares, con 10 brazos) y los Octópodos (pulpos, con 8 brazos).

Para el estudio de los Cefalópodos se puede tomar como ejemplo característico la jibia (*Sepia*).

137
Sección longitudinal de una ventosa de la sepia.

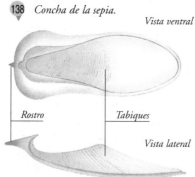

Anillo córneo

Pedúnculo

138 *Concha de la sepia.*

Vista ventral

Rostro

Tabiques

Vista lateral

139
Mandíbulas y rádula de la sepia.

Pico de loro

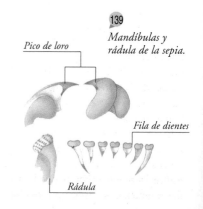

Fila de dientes

Rádula

El pie presenta 8 brazos cortos y 2 más largos (tentáculos) alrededor de la cabeza, que muestra ojos laterales de gran tamaño. En el manto se distinguen unas aletas laterales que ayu-

dos branquias voluminosas en forma de peine que se encuentran en la cavidad paleal. Como órganos excretores se distinguen dos riñones. El sistema nervioso está muy evolucionado y for-

almacenar los espermatozoides y las secreciones glandulares, y formar los espermatóforos (fig. 140). Las puestas se realizan en racimos (fig. 141) y el desarrollo es directo. Las sepias son

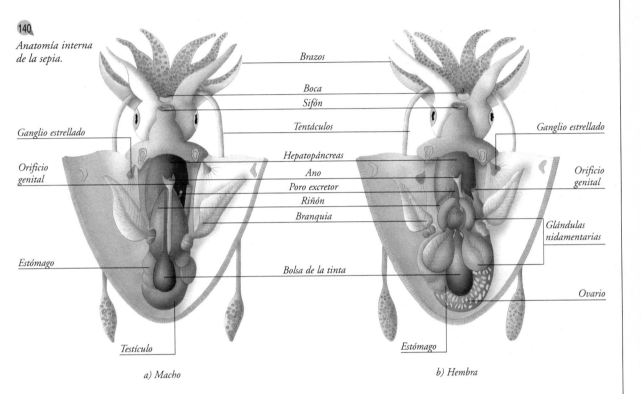

140

Anatomía interna de la sepia.

Brazos · Boca · Sifón · Tentáculos · Hepatopáncreas · Ano · Poro excretor · Riñón · Branquia · Bolsa de la tinta

Ganglio estrellado · Orificio genital · Estómago · Testículo

Ganglio estrellado · Orificio genital · Glándulas nidamentarias · Ovario · Estómago

a) Macho

b) Hembra

dan al desplazamiento; en la abertura del mismo se sitúa, ventralmente, un sifón por el que sale el agua de la cavidad paleal. Se puede aprovechar como mecanismo para el retroceso rápido.

El aparato digestivo empieza en la boca, donde se encuentra un bulbo bucal que contiene las mandíbulas, quitinoides (*pico de loro*) (fig. 139), siguiendo la faringe, provista de rádula. Como glándulas anejas existen el hepatopáncreas y cuatro glándulas salivales. A nivel anal presenta una glándula cuya secreción tiene función defensiva, y se utiliza también para rodear la puesta (glándula de la tinta). La respiración se realiza por medio de

ma una masa encefálica protegida por tejido cartilaginoso a modo de cráneo; se distingue entre sistema nervioso central y autónomo. Los órganos de los sentidos más notables por su complejidad son los ojos; existen células táctiles por todo el cuerpo, aunque están más desarrolladas en los brazos.

En las hembras, el aparato reproductor presenta dos pares de *glándulas nidamentarias* que segregan proteínas, las cuales se endurecen en contacto con el agua y forman la cáscara de los huevos, y una glándula de la albúmina. En los machos se distinguen glándulas prostáticas y la bolsa de Needham, cuya misión consiste en

animales marinos, pelágicos, de aguas litorales de todos los mares templados y calientes. Son moluscos depredadores, y para capturar la presa se sirven de los tentáculos.

141

Puesta de sepia.

Cicloneuros (I): Tentaculados

Tipo Tentaculados

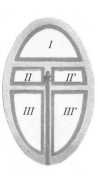

Los Tentaculados son *ci-cloneuros* (sistema nervioso en forma de anillo) con tubo digestivo *derosomático* (en forma de U) formado por isoquilia, por todo lo cual se consideran deuteróstomos. Ahora bien, el proceso de formación del celoma es, en muchos casos, por esquizocelia, un carácter que los relaciona con los protóstomos. Por todas las considera-

142

Esquema ideal de un trímero primitivo en el que se detallan las cavidades celomáticas.

ciones anteriores, constituyen un grupo de indudable interés filogenético. Los Tentaculados son *trímeros,* esto es, formados por tres metámeros (fig. 142) que delimitan cinco cavidades celomáticas; *axocele* (impar, primer segmento), *estomoceles* (2, situadas en el segundo segmento) y *enteroceles* (2, situadas en el tercer segmento). También son acéfalos. El primer metámero es muy pequeño y tiende a desaparecer. La característica principal es la existencia de dos prolongaciones del segundo metámero que forman brazos portadores de tentáculos (*lofóforos* o *brazos lofoforales*), que se utilizan para captar partículas nutricias (son micrófagos) y para la respiración. El aparato circulatorio es independiente del celoma (con vasos dorsal y ventral) o no existe. La excreción es por nefridios (tercer segmento) o por acumulación de productos en el celoma. Son hermafroditas proterándricos de desarrollo directo o indirecto; se dan muchos casos de gemación que originan colonias. Pueden ser libres o estar soldados alrededor del cuerpo formando una corona de tentáculos. El tipo Tentaculados incluye las siguientes clases:

Clase	Características
Foronídeos	Individuales. Forman asociaciones y viven en tubos
Ectoproctos y Endoproctos	Briozoos. Coloniales con zoides iguales o diferentes
Braquiópodos	Individuales, con dos valvas similares a las de un molusco bivalvo
Quetognatos	Pelágicos. Con aletas natatorias

Clase Foronídeos

Los Foronídeos son los más arcaicos. Tienen organización típica. Presentan lofóforos soldados a la parte

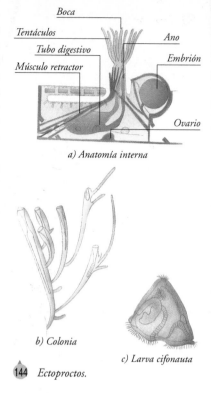

a) Anatomía interna

b) Colonia

c) Larva cifonauta

144 *Ectoproctos.*

anterior del cuerpo y arrollados en espiral (figs. 143a, b). Son agrupaciones de individuos alojados en el interior de tecas en forma de tubo. Se reproducen por medio de larvas *actinotrocas* (fig. 143c), muy similares a las trocóforas. Son marinos y viven en el fango o en la arena. Alcanzan varios centímetros de tamaño.

Briozoos

Los Briozoos son coloniales y su aspecto recuerda a los Hidrozoos. Los *zoides* se alojan en el interior de la teca, de la que sobresale la zona correspondiente al segundo metámero (*polípido*), mientras que la parte protegida se denomina *cístido*. Carecen del primer metámero. Se reproducen asexualmente por gemación, y dan lugar a colonias de forma diversa (ramificadas, laminares, verticiladas...) (fig. 144b), con los zoides iguales (colonia *homomorfa*) o diferentes (*heteromorfa*). La reproducción sexual se

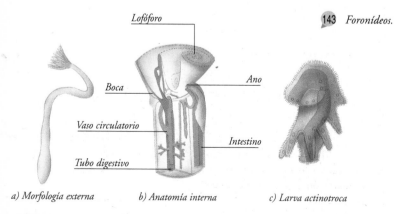

a) Morfología externa   *b) Anatomía interna*   *c) Larva actinotroca*

143 *Foronídeos.*

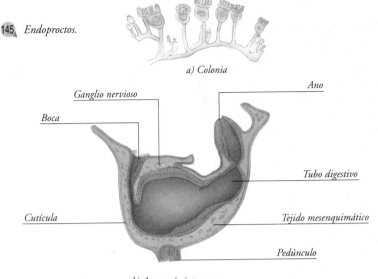

145 *Endoproctos.*

a) Colonia

Ganglio nervioso

Boca

Ano

Tubo digestivo

Cutícula

Tejido mesenquimático

Pedúnculo

b) Anatomía interna

produce por fecundación externa y da lugar a una larva *cifonauta* (fig. 144c). Los Ectoproctos son los briozoos típicos, con ano situado externa-

146 *Braquiópodos.*

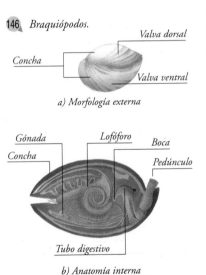

Valva dorsal

Concha

Valva ventral

a) Morfología externa

Gónada

Lofóforo

Boca

Concha

Pedúnculo

Tubo digestivo

b) Anatomía interna

c) Larva

mente a los lofóforos (fig. 144a). Los Endoproctos o Camptozoos (fig. 145a) son briozoos modificados, ya que presentan el ano en el interior de la corona formada por los lofóforos y el celoma obliterado, prácticamente inexistente (fig. 145b); se reproducen asexualmente, formando colonias estolonadas, y sexualmente a través de larvas similares a la cifonauta. Los Briozoos constituyen un grupo enteramente marino, a excepción de los Ectoproctos Filactolemados, que son de agua dulce.

Clase Braquiópodos

Los Braquiópodos son tentaculados con aspecto de molusco, por lo que se les denomina Moluscoideos. Son todos marinos y viven a grandes profundidades. Tienen el cuerpo cubierto por dos expansiones que segregan una concha quitinoide compuesta de dos valvas que pueden ser iguales, Ecardinos, o diferentes, Testicardinos (fig. 146a). Llegan a alcanzar varios centímetros de tamaño y se reproducen sexualmente, por medio de larvas (fig. 146c). En la actualidad el grupo está representado por pocas especies en comparación con los fósiles que se han encontrado.

Clase Quetognatos

Los Quetognatos son tentaculados muy modificados (sin lofóforo ni axocele), adaptados a la vida pelágica. El cuerpo presenta tres regiones: cabeza o *protosoma* (fig. 147b), *mesosoma* y *metasoma* o cola (del ano al final). En la zona de la cola hay aletas formadas por repliegues cutáneos (fig. 147a). Carecen de aparatos circulatorio y excretor. Su sistema nervioso está muy reducido. Son hermafroditas proterándricos, con casos de autofecundación, y presentan desarrollo directo. Alcanzan 8 o 10 cm de longitud y son transparentes. Se consideran formas neoténicas de Braquiópodos, ya que su organización es comparable a la de las larvas de estos últimos. Debido a sus especiales características, los Quetognatos son considerados por muchos autores un tipo de organización próximo a los Tentaculados.

147 *Quetognatos.*

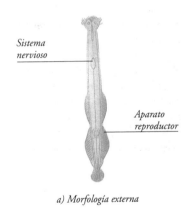

Sistema nervioso

Aparato reproductor

a) Morfología externa

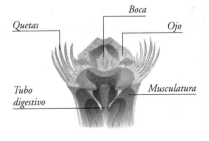

Boca

Quetas

Ojo

Tubo digestivo

Musculatura

b) Anatomía interna

Cicloneuros (II): Estomocordados

Tipo Estomocordados

Los Estomocordados o Hemicordados son deuteróstomos cicloneuros trímeros que disponen de *estomocorda* o *hemicorda,* un divertículo dorsal de la faringe que se transforma en un órgano esquelético al rellenarse de un tejido similar al de la notocorda de los Cordados. Debido a ello, los Hemicordados han llegado a ser considerados el origen de los Cordados. Sin embargo, la hipótesis es difícilmente aceptable, ya que los Cordados son epineuros (sistema nervioso dorsal). Los Estomocordados son todos marinos y pueden vivir a grandes profundidades. La clasificación de este tipo da lugar a los siguientes grupos (sólo se consideran los actuales):

Clase	Características
Pterobranquios	Coloniales. Con lofóforos y estomocorda
Enteropneustos	Individuales. Con estomocorda y sin lofóforos
Pogonóforos	Individuales. Sin lofóforos ni estomocorda

148 *Pterobranquios.*

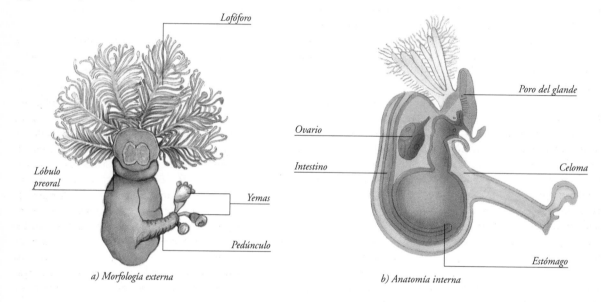

Lofóforo

Poro del glande

Ovario

Intestino

Celoma

Lóbulo preoral

Yemas

Pedúnculo

Estómago

a) Morfología externa

b) Anatomía interna

149 *Enteropneustos.*

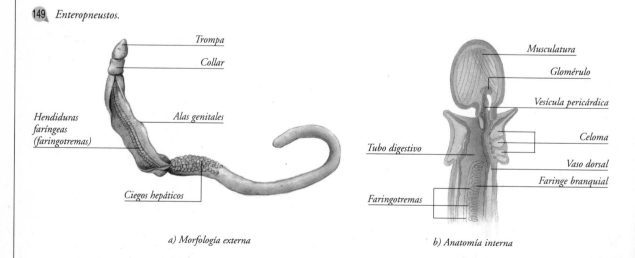

Trompa

Collar

Musculatura

Glomérulo

Vesícula pericárdica

Hendiduras faríngeas (faringotremas)

Alas genitales

Celoma

Tubo digestivo

Vaso dorsal

Faringe branquial

Faringotremas

Ciegos hepáticos

a) Morfología externa

b) Anatomía interna

Clase Pterobranquios

Los Pterobranquios presentan lofóforos (fig. 148a). Son coloniales. Los zoides presentan *epistoma* que tapa la boca. Su tubo digestivo tiene forma de U (fig. 148b). La familia de los Cefalodíscidos se distingue por tener la teca formada por anillos concéntricos; forman colonias estolonadas como las de los Briozoos. La familia de los Rabdopléuridos tiene distribución indopacífica y sus representantes viven a gran profundidad; las colonias se componen de zoides que disponen de epistoma y hendiduras faríngeas (*faringotremas*) que comunican la faringe con el exterior. No se conoce bien la biología de los Pterobranquios.

Clase Enteropneustos

Los Enteropneustos son hemicordados vermiformes que presentan modificaciones características. No poseen lofóforos ni teca. Son excavadores y tienen el epistoma muy desarrollado, en forma de glande, para la mencionada función (fig. 149a). El mesosoma (segundo segmento) se presenta muy ensanchado, y por su apariencia recibe el nombre de collar. El metasoma tiene una gran longitud y a lo largo de él se dispone el tubo digestivo, rectilíneo en este caso. El ano está situado al final del cuerpo. En el metasoma se distinguen ventralmente numerosos pares de faringotremas (de 7 a 14). El aparato circulatorio consiste en un pequeño corazón y dos vasos: dorsal y ventral (fig. 149b). La excreción se da por medio de un glomérulo situado en el axocele. El sistema nervioso es cicloneuro, con un ganglio dorsal que se une al anillo. El aparato reproductor consta de múltiples gónadas situadas en el enterocele. Son gonocóricos, y su desarrollo, indirecto, se realiza por medio de *larvas tornarias* y *de Bateson,* ciliadas, que se relacionan directamente con las de los Equinodermos.

Clase Pogonóforos

Los Pogonóforos constituyen un grupo que, por su aspecto, durante mucho tiempo se consideró que eran Poliquetos sedentarios (fig. 150a). Son todos marinos y viven a gran profundidad (hasta 10 000 m).

De longitud variable, miden desde varios centímetros hasta 25 cm. Viven en el interior de los tubos quitinoides que segregan y no están segmentados; son trímeros, como corresponde a los Hemicordados. Poseen tentáculos (fig. 150b), derivados del primer metámero, en número que varía de 1 a más de 200.

Su organización interna es muy simplificada, pues no tienen estomocorda ni tubo digestivo (ni, por tanto, boca, ano o faringotremas). Realizan una digestión externa, segregando enzimas en la cara interior de los tentáculos. El aparato circulatorio es cerrado y está bien desarrollado. Su sistema nervioso es comparable al de los Enteropneustos. Son gonocóricos.

No se conoce su biología, pero se han obtenido larvas similares a las de Bateson de los Enteropneustos. Están ampliamente repartidos. Los Pogonóforos pueden considerarse verdaderos deuteróstomos, relacionados con los Tentaculados, los Hemicordados y los Equinodermos por las características que presentan (trímeros, cicloneuros). Sin embargo, debido a que su organización interna no es la típica de los Hemicordados (ausencia de estomocorda, de aparato digestivo, de faringotremas, presencia de tentáculos en el protosoma), algunos autores los consideran un verdadero tipo de organización y los diferencian del resto de Estomocordados.

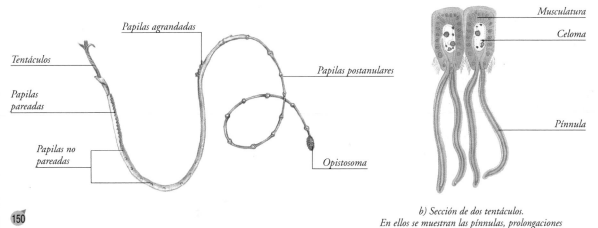

Tentáculos

Papilas pareadas

Papilas agrandadas

Papilas no pareadas

Papilas postanulares

Opistosoma

Musculatura

Celoma

Pínnula

150
Pogonóforos.　　　　*a) Morfología externa*

b) Sección de dos tentáculos.
En ellos se muestran las pínnulas, prolongaciones
celulares con función nutricia y respiratoria.

Cicloneuros (III): Equinodermos

Tipo Equinodermos

Los Equinodermos son cicloneuros marinos que poseen un dermatoesqueleto (fig. 151) formado por *escleritos* calcáreos que pueden ser pequeños (holoturias) o grandes y formar placas soldadas constitutivas del caparazón (erizos de mar). En este último caso pueden existir expansiones esqueléticas que dan lugar a las púas y los *pedicelarios*. Los adultos, en general, presentan simetría pentarradiada (fig. 152), adquirida de forma secundaria a partir de una larva de simetría bilateral cuya organización se corresponde con la hipotética *dipléurula* (figs. 153 y 154). El cuerpo está cubierto por una epidermis bajo la cual se encuentra el esqueleto dérmico; la superficie del cuerpo presenta cinco áreas radiales simétricas, que reciben el nombre de radios o ambulacros, separadas por cinco interradios o interambulacros.

El tubo digestivo es incompleto, ya que, en algunas ocasiones, no presenta ano. El sistema circulatorio está sensiblemente reducido; se desarrolla

151 *Dermatoesqueleto.*

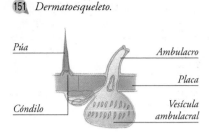

Púa
Ambulacro
Placa
Cóndilo
Vesícula ambulacral

Interradio (zona interambulacral)
Placa madrepórica

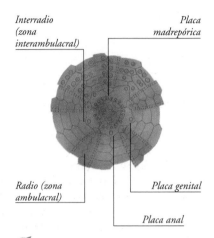

Radio (zona ambulacral)
Placa genital
Placa anal

152

Simetría. Vista dorsal del caparazón de un

erizo de mar con los elementos más representativos.

un sistema vascular acuoso, característico del grupo, que presenta numerosos *pies ambulacrales* para locomoción, captura del alimento y respiración. Este sistema, denominado *aparato ambulacral*, queda unido al agua del medio que rodea al individuo a través del denominado poro madrepórico, que se encuentra en la *placa madrepórica*. Aunque el aparato ambulacral tiene, entre otras, misión respiratoria, esta función puede realizarse también por mediación de pequeñas branquias o de árboles respiratorios cloacales. El sistema nervioso es cicloneuro y no presenta cerebro diferenciado. Son individuos dioicos, de fecundación generalmente externa y desarrollo indirecto. Todos son marinos, y pueden vivir libres o fijos al sustrato. Existen algunas discrepancias acerca de su posición filogenética. Mientras para unos se trata de formas regresivas de individuos más evolucionados, para otros constituyen un grupo en evolución que se coloca justamente antes de los Cordados, debido a algunos rasgos semejantes a los de éstos (segmentación del huevo, endoesqueleto, tipo de larva...). La clasificación se realiza atendiendo al número de poros genitales y a la forma externa. Considerando los grupos representados actualmente, son:

Larva Dipléurula

L. Auricularia *(Holoturoideos)*

L. Equinopluteus *(Equinoideos)*

L. Doliolaria *(Crinoideos)*

L. Ofiopluteus *(Ofiuroideos)*

L. Bipinnaria *(Asteroideos)*

153

Larvas. Evolución a partir de la hipotética dipléurula.

L. Branquiolaria *(Asteroideos)*

Clase	Características
Crinoideos	Lirios y plumas de mar. Monórquidos (1 poro genital)
Holoturioideos	Pepinos de mar. Monórquidos (1 poro genital)
Asteroideos	Estrellas de mar. Pentórquidos (5 poros genitales)
Ofiuroideos	Ofiuras. Pentórquidos (5 poros genitales)
Equinoideos	Erizos de mar. Pentórquidos (5 poros genitales)

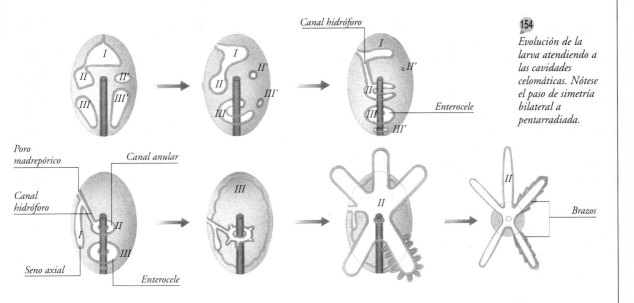

154

Evolución de la larva atendiendo a las cavidades celomáticas. Nótese el paso de simetría bilateral a pentarradiada.

Clase Crinoideos

Son *monórquidos* y presentan el lofóforo en posición primitiva (hacia arriba). Tienen aspecto de flor debido a que poseen un cáliz con más de 13 placas dispuestas en círculo y unos brazos provistos de *pínnulas,* a modo de barbas de una pluma. Algunos tie-

Clase Holoturioideos

Son monórquidos; los lofóforos ya no se distinguen externamente, por estar soldados al cuerpo. Tienen forma alargada (fig. 156a), con pies ambulacrales de función táctil y respiratoria en la parte superior, y tres zonas de pies ambulacrales provistos

de ventosas para la locomoción en la parte que se encuentra en contacto con el sustrato. El esqueleto consta de escleritos microscópicos. El celoma, lleno de líquido, sobre el que actúa la musculatura, permite el movimiento del individuo. El tubo digestivo presenta boca y ano en posiciones opuestas (fig. 156b). La función respiratoria se realiza por árboles respiratorios cloacales. Suelen vivir sobre el fondo y se alimentan de sustancias orgánicas o detritos. Son ejemplos característicos del grupo, los géneros *Pelagothuria,* que nada libremente, *Cucumaria* y *Holoturia,* que tienen un gran poder de regeneración.

155 *Crinoideos.*

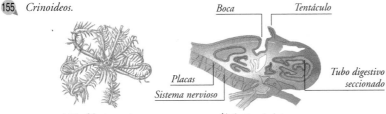

a) Morfología externa

b) Anatomía interna

nen un pedúnculo que los fija al sustrato (fig. 155a). La boca y el ano están en la parte superior del disco. Presentan gran poder de regeneración. Se alimentan de plancton, que es capturado con los tentáculos y llevado por los cilios a la boca. Viven desde la zona de mareas hasta los 5 500 m de profundidad y pueden presentar colores brillantes. Un ejemplo característico del grupo lo constituye el género *Antedon* (fig. 155).

156 *Holoturioideos.*

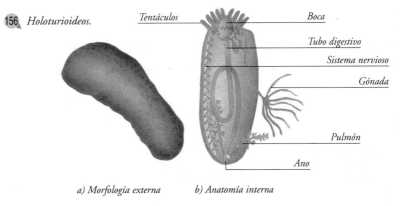

a) Morfología externa

b) Anatomía interna

Cicloneuros (III): Equinodermos (continuación)

Clase Asteroideos

En su desarrollo empiezan siendo circulares, luego adoptan una forma pentagonal y, finalmente, se van escotando hasta llegar a presentar un conducto pétreo, que conecta con el anular (situado alrededor de la boca), y cinco conductos radiales de donde salen conductos laterales hacia los pies ambulacrales.

Clase Ofiuroideos

Presentan un disco pequeño, redondeado, central, y cinco verdaderos brazos, cada uno de los cuales posee un endoesqueleto con cuatro láminas,

157 *Asteroideos.*

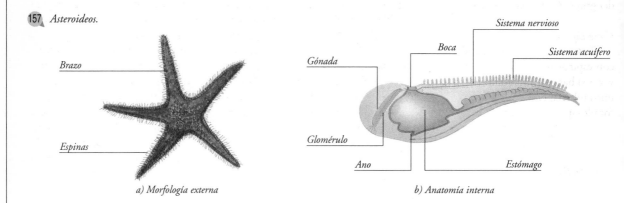

a) Morfología externa

b) Anatomía interna

disco central y cinco prolongaciones a modo de radios (los ejes de los brazos son los radios, los espacios entre brazos, los interradios). Poseen espinas calcáreas en la superficie superior, *pápulas* entre las espinas (que ejercen una función respiratoria y excretora)

La boca está en la parte inferior y el estómago es evaginable (fig. 157b). El sistema nervioso es cicloneuro, con un cordón en cada brazo. Existe un par de gónadas por brazo (*pentórquidos*). La fecundación es externa y el desarrollo, indirecto. Las estrellas son

de las que las dos laterales portan espinillas (fig. 158a). Los pies ambulacrales no tienen ventosas ni ampollas. La boca está rodeada de cinco láminas móviles que funcionan como mandíbula; carecen de ano (fig. 158b). Existen cinco pares de bolsas, situadas

158 *Ofiuroideos.*

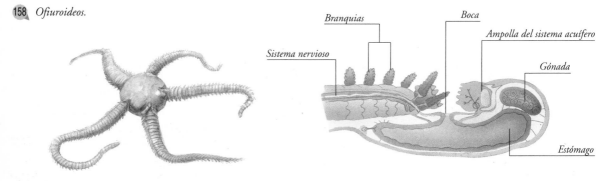

a) Morfología externa

b) Anatomía interna

y *pedicelarios* alrededor de las pápulas y espinas (fig. 157a). Cada uno de sus brazos posee, en la parte inferior, un surco ambulacral del que salen los pies ambulacrales (en 4 o en 2 filas). Los escleritos están dispuestos regularmente. El aparato ambulacral está formado por la placa madrepórica, el

marinas y pueden llegar a vivir a grandes profundidades. Suelen ser de costumbres carnívoras, depredadoras, de forma que son un peligro para los criaderos de moluscos. Poseen un gran poder de regeneración. Son ejemplos de este grupo *Asterias, Pisaster* y *Astropecten*.

alrededor de la boca y que se abren al exterior por pequeñas hendiduras, cuya misión es respiratoria y de recepción de los productos de las gónadas. Son pentórquidos, de desarrollo directo; algunas ofiuras crían a sus descendientes dentro de una bolsa. Son de vida libre y se desplazan por el fondo o nadando con la ayuda de los brazos. Viven en aguas someras o a grandes profundidades. Se alimentan de restos que encuentran en el suelo o de pequeños animales. Presentan un gran poder de regeneración. Son ejemplos del grupo *Amphiura* y *Opiothrix*.

Clase Equinoideos

Presentan el cuerpo redondeado y con espinas móviles; éstas tienen a su vez una base por la que se articulan en unos tubérculos. Los radios están perforados por pies ambulacrales y los

ten cinco radios, con ambulacros terminados en ventosa y con una ampolla en su base, reguladora de la presión hidrostática.

Como ejemplo del grupo puede tomarse *Paracentrotus*. Tiene un esqueleto formado por placas soldadas entre sí que forman 10 zonas, cinco radiales estrechas y cinco interradiales anchas alternadas; las placas radiales están perforadas para permitir la salida de los pies ambulacrales. Los pedicelarios están formados por tres dien-

tes articulados. En la parte opuesta a la boca está el ano, en la membrana anal, rodeada de cinco placas pentagonales, cada una con un poro genital, y la mayor de las cuales es la placa madrepórica, con los orificios de entrada al sistema acuífero. La respiración se realiza por cinco pares de penachos (branquias) situados alrededor de la boca. El aparato digestivo es sinuoso; describe dos círculos en el interior del individuo. El aparato reproductor tiene cinco glándulas genitales situadas en los interradios (granulosas y anaranjadas en la hembra, y finas y de color amarillo pálido en los machos) (fig. 159c). La fecundación es externa y el desarrollo, indirecto, por medio de una larva *pluteus*.

El erizo de mar (*Paracentrotus*) vive fijo al sustrato, de 0 a 80 m de profundidad. Puede excavar piedras u orificios para vivir. Se alimenta de restos de algas y animales, que son paralizados por acción del veneno de algunos pedicelarios. De color verde oliva, suele medir unos 7 cm y es común en el Mediterráneo.

159 *Equinoideos.*

a) Morfología externa

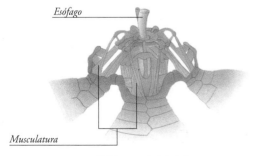

Esófago

Musculatura

b) Linterna de Aristóteles

interradios tienen un poro genital cada uno (pentórquidos); entre las espinas hay pedicelarios. El ano se abre en la parte superior, y la boca, con cinco dientes que constituyen la *linterna de Aristóteles* (fig. 159b), en la inferior. El aparato ambulacral presenta un conducto anular del que par-

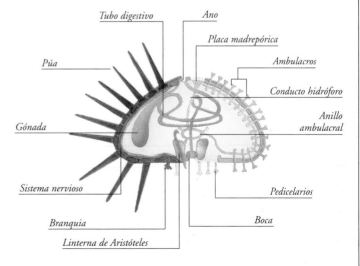

Tubo digestivo

Ano

Placa madrepórica

Ambulacros

Conducto hidróforo

Anillo ambulacral

Púa

Gónada

Sistema nervioso

Pedicelarios

Boca

Branquia

Linterna de Aristóteles

c) Anatomía interna

Glosario de términos científicos

Aerobio. Individuo que para realizar la respiración necesita oxígeno.

Anaerobio. Individuo que para realizar la respiración no necesita oxígeno o, incluso, está obligado a vivir donde no exista este elemento.

Ápoda. Referido a larvas, dícese de las que presentan los insectos, en las que no se aprecia apéndice alguno.

Ambulacro. Estructura perteneciente al aparato ambulacral de los Equinodermos, directamente responsable de la locomoción.

Autóctona. Especie propia de la región geográfica en la que vive.

Autotrofia. Capacidad que poseen algunos organismos de sintetizar materia orgánica a partir de materia inorgánica, utilizando la luz como fuente de energía.

Axopodio. Expansión, de forma alargada y fina, que presenta la membrana celular de algunos Protozoos.

Capilicio. Esporangio que presentan algunos Mixomicetos, rodeado de dos capas quitinoides independientes que se calcifican.

Cariogamia. Fusión de los núcleos de las células sexuales tras la fecundación.

Casta. Grupo de individuos de una misma especie que realizan un trabajo determinado y altamente específico dentro de la comunidad.

Cefalon. Tagma anterior del cuerpo de los Crustáceos.

Cefalosoma. Parte anterior del cefalon de los Crustáceos Mistacocáridos, que es portadora, únicamente, de las anténulas.

Celoma. Cavidad del cuerpo delimitada por el mesodermo.

Célula flamígera. Célula presente en algunos organismos perteneciente al epitelio vibrátil, ciliar o con pestañas que posee finísimos cilios y cuya misión es, básicamente, excretora.

Cenogenético. Tipo de desarrollo que se da en los insectos que conlleva un proceso de metamorfosis.

Centríolo. Corpúsculo celular situado cerca del núcleo, con capacidad de autorreproducción, que tiene un papel destacado en la reproducción celular.

Charnela. Ligamento que articula dorsalmente las dos valvas que poseen los Moluscos Bivalvos.

Cicloneuro. Individuo que presenta el sistema nervioso en forma de anillo.

Cigoto. Célula resultante de la fusión de dos células sexuales (fecundación).

Cilio. Estructura corta y numerosa considerada como una prolongación celular móvil.

Citoplasma. Masa coloidal que se encuentra en el interior de las células, limitada por la membrana celular, y en la que se localizan los orgánulos intracelulares.

Cnidocilio. Estructura que presentan los cnidarios, cuya función es la de disparar el cnidoblasto.

Cnidoblasto. Célula característica de los cnidarios que contiene líquido urticante.

Coxa. Primer artejo de las patas de los insectos y los arácnidos.

Cribelo. Apéndice modificado en los araneidos consistente en una placa agujereada conectada a la glándula de la seda.

Cromatóforos. Células pigmentadas portadoras de gran cantidad de pigmentos que pueden conferir su color característico al individuo.

Deuteróstomo. Metazoo triblástico cuya boca no procede de un resto blastopórico, sino que es de neoformación.

Deutocerebro. Segundo par de ganglios que forman parte de la masa cerebroide de los Artrópodos y que inerva el primer par de antenas.

Diblástico. Metazoo que presenta organización constituida por dos hojas blastodérmicas.

Difusión. Tipo de respiración que presentan los organismos con pocas células: el oxígeno pasa directamente del exterior al interior a través de la membrana celular.

Dioico. Individuo que presenta los sexos separados.

Diotocardio. En los gasterópodos, individuo primitivo que presentaba dos branquias, dos riñones y un corazón con dos aurículas.

Dispersión. Conjunto de fenómenos por los cuales se desplazan las especies, aumentando su área de distribución.

Ectoparásito. Individuo que parasita alguna zona externa del huésped.

Endopodito. Rama interna, con función locomotora, de los apéndices birrámeos de los Artrópodos, y única rama en los apéndices unirrámeos.

Enérgida. Unidad fisiológica constituida por un núcleo y una masa citoplasmática a su alrededor.

Epipodito. Expansión del protopodito de los apéndices de algunos Artrópodos, que generalmente tiene función respiratoria.

Epistoma. Estructura especial que tapa la boca de los zoides coloniales pertenecientes a la Clase Pterobranquios (Estomocordados).

Esclerito. Cada una de las piezas calcáreas que forman el dermatoesqueleto de los Equinodermos.

Escólex. Parte anterior del cuerpo de los Cestodos que está adaptada a la fijación al huésped.

Espermatóforo. Estructura capsular que contiene espermatozoides y secreciones glandulares. Formada en los Cefalópodos macho, es transportada al aparato genital de las hembras.

Espícula. Estructura calcárea osilícea que constituye el esqueleto interno de ciertas Esponjas y que está presente en algunos Protozoos.

Esporangio. Receptáculo capaz de contener esporas.

Espora. Célula que sirve para la reproducción asexual; se desarrolla por sí misma sin que se produzca fecundación.

Estoma. Poro especializado en la captación de alimentos que presentan los Protozoos Ciliados.

Estreptoneuro. Sistema nervioso que presentan los Moluscos Gasterópodos en el cual los conectivos están entrecruzados debido a los fenómenos de torsión y flexión.

Estróbilo. Parte posterior del cuerpo de los Cestodos formada por un número variable de anillos escindidos en cadena.

Eulamelibranquia. Tipo de branquia de ciertos Moluscos Bivalvos, caracterizada por presentar trabéculas entre las bandas longitudinales.

Eutineuro. Sistema nervioso de los Gasterópodos primitivos en el que los conectivos no se han entrecruzado.

Exopodito. Rama externa con función principalmente natatoria (también respiratoria) de los apéndices birrámeos de los Artrópodos, que ha desaparecido por atrofia en los apéndices unirrámeos.

Extracelular. Se aplica a todo acto que se realiza fuera de la célula. En digestión, es extracelular la que no se realiza en las células sino por medio de estructuras especializadas.

Fecundación. Fusión de las células sexuales masculina y femenina que da lugar al cigoto.

Fémur. Tercer artejo de las patas de los Insectos y de los Arácnidos.

Filibranquia. Tipo de branquia que presentan ciertos Moluscos Bivalvos cuya estructura es laminar.

Filogenia. Ciencia que estudia las relaciones de parentesco entre los diferentes grupos de organismos.

Filopodio. Expansión de tipo filiforme que presenta la membrana celular de algunos Protozoos Rizópodos.

Filotráquea. Dispositivo respiratorio con estructura foliácea interna que presentan los Arácnidos, comunicado con el exterior mediante un orificio (estigma).

Flagelo. Estructura tubular de considerable longitud que existe en determinadas células y cuya función es motora.

Gameto. Célula germinal o reproductora, formada en una gónada.

Gastrulación. Proceso de formación de la gástrula.

Gonocórico. Individuo que presenta los sexos separados.

Gonópodo. Apéndices genitales presentes en determinados Miriápodos.

Hábitat. Medio en el que vive una determinada especie.

Hermafrodita. Individuo que presenta aparatos reproductores de ambos sexos.

Heterotrofia. Modo de nutrición, característico de los animales, consistente en que las fuentes de carbono y de energía proceden del alimento.

Hileras. Apéndices abdominales muy modificados que presentan los Araneidos, conectados a la glándula de la seda.

Hologastro. Arácnido sin cintura que separa tórax de abdomen.

Imago. Último estado de desarrollo de los Insectos.

Inmigrada. Referido a la dispersión de una especie, se trata de la que se encuentra en una área geográfica que no coincide con la de origen.

Intersticial. Especie que se encuentra en los intersticios o microcavidades delimitadas por sedimentos.

Intracelular. Todo acto realizado dentro de la célula. En digestión, es intracelular la que se realiza en el interior de la célula.

Labro. Pieza impar situada encima de la boca de los Insectos.

Lemnisco. Cavidad interna de la región del cuello de los Acantocéfalos que alberga cierta cantidad de líquido.

Lisosoma. Orgánulo citoplasmático provisto de enzimas histolíticos.

Lobopodio. Expansión de forma roma que presenta la membrana celular de algunos Protozoos Rizópodos.

Marsupio. Estructura formada por oosteguitos, presente en los Crustáceos Peracáridos, cuya función es albergar los huevos fecundados y, en ocasiones, a los individuos en los primeros estadios del desarrollo.

Meiosis. Proceso mediante el cual cada especie mantiene invariable el número de cromosomas de cada célula a lo largo de las generaciones.

Mesoglea. Acúmulo de células imperfectamente dispuestas en tejidos que forman el cuerpo de las Esponjas.

Mesosoma. Reciben este nombre la región intermedia del cuerpo de los Quetognatos y la región anterior (preabdomen) del cuerpo de los Arácnidos.

Metabolía. Fenómeno característico de ciertos Protozoos consistente en el cambio de forma, facilitado por poseer una membrana desnuda.

Metábolo. Dícese del animal que posee la propiedad de cambiar de forma.

Metáfita. Planta superior, pluricelular con estructuras reproductoras especializadas, lo que implica una especialización de las células.

Metanefridio. Estructura con función excretora típica de las cavidades celomáticas.

Metasoma. Reciben este nombre la región intermedia del cuerpo de los Anélidos y la región final del cuerpo de los Quetognatos.

Metazoo. Animal cuyo cuerpo está formado por células somáticas y células germinales, lo cual implica que las células han perdido su totipotencia y han sufrido especialización.

Mionema. Fibra muscular presente en algunos Protozoos que les permite cambiar de volumen.

Monoico. Individuo que presenta aparatos reproductores de los dos sexos.

Monotocardio. En los Gasterópodos, individuo actual que, tras los fenómenos de flexión y torsión, ha perdido, por atrofia, una aurícula, un riñón y una branquia.

Muda. Cambio de la cubierta quitinoide de algunos Artrópodos necesario para facilitar el crecimiento del individuo.

Nefridio. Estructura con función excretora que aparece en los Metazoos celomados.

Nematocisto. Célula característica de los Cnidarios que contiene líquido urticante.

Neoténico. Individuo que conserva de adulto los caracteres embrionarios.

Neumostoma. Poro que da entrada al aire al interior del pulmón de los Gasterópodos Pulmonados.

Ninfa. Penúltima fase de la metamorfosis completa de los insectos. Si la metamorfosis es incompleta, no se presenta.

Nototenia. Proceso de cierre blastopórico exclusivo de los Cordados.

Ocelo. Ojo simple que poseen, en mayor o menor cantidad, los Artrópodos.

Oocineto. Cuerpo vermiforme originado a partir del cigoto de algunos Protozoos Esporozoos que, frecuentemente, no se fija en el estómago del mosquito y es expulsado con las heces.

Oosteguito. Cada una de las placas que forman el marsupio de los Crustáceos Peracáridos.

Opistosoma. Región posterior del cuerpo de los Anélidos.

Ósmosis. Fenómeno por el cual se realiza un intercambio de material entre el interior y el exterior de la célula, facilitado por la diferencia de presión osmótica y que se lleva a cabo con gasto de energía.

Palingenético. Desarrollo indirecto que suele darse en los Crustáceos, caracterizado por la acumulación de caracteres en cada fase larvaria.

Pápula. Protuberancia dérmica blanda que presentan algunos Equinodermos, cuya misión es respiratoria y excretora.

Patella. Cuarto artejo de las patas de los Arácnidos.

Pedicelario. Estructura presente en los Equinodermos cuya función es prensil.

Pedipalpo. Apéndice modificado, presente en los Arácnidos y los Picnogónidos, cuya misión es táctil.

Pelágico. Organismo que vive en el medio acuático, permanentemente separado del fondo.

Pene. Órgano copulador del macho.

Pereion. Tagma de los Crustáceos situado en la zona media del cuerpo.

Pereiópodo. Apéndice del pereion.

Pie ambulacral. Prolongación del sistema acuífero de ciertos Equinodermos, que se localiza en los brazos, si existen, y tiene funciones locomotora, respiratoria y de captación de alimentos.

Placa madrepórica. Placa del esqueleto de los Equinoideos que está agujereada para permitir la entrada del agua del medio en el sistema acuífero.

Plasto. Orgánulo citoplasmático, característico de la célula vegetal, que se presenta según diversas modalidades, cada una de ellas con una función específica (cloroplastos, fotosintetizadora; amiloplastos, de reserva de almidón;...).

Pleon. Tagma de los Crustáceos situado en la zona final del cuerpo.

Policarión. Núcleo de gran tamaño con numerosos corpúsculos basales, cada uno de los cuales origina un flagelo o grupo de flagelos en algunos Protozoos.

Polípido. Zona protegida por una teca que presentan los zoides de las colonias de Tentaculados.

Politálama. Estructura multicamerada que presentan determinados Foraminíferos.

Poscefalosoma. Región posterior del cefalon de los Crustáceos Mistacocáridos donde se encuentran todos los apéndices cefálicos a excepción de las anténulas.

Propágulo. Fragmento que se desprende del plasmodio de los Micetozoos para dar lugar a esporangios.

Prosoma. Región anterior del cuerpo de los Anélidos.

Protocerebro. Primer par de ganglios de la masa cerebroide de los Artrópodos, donde se localizan los centros ópticos y los órganos de asociación de los Insectos sociales.

Protonefridio. Dispositivo excretor típico de estructuras blastocélicas u obliteradas por parénquima o mesénquima.

Protoplasma. Sustancia coloidal que ocupa todo el volumen celular.

Protosoma. Zona cefálica del cuerpo de los Tentaculados Quetognatos.

Protóstomo. Metazoo triblástico cuya boca es un resto blastopórico.

Pulmón acuífero. Divertículo respiratorio formado a expensas del tubo digestivo que presentan los Holoturioideos

Queta. Seda robusta que presentan los Anélidos, en especial los Poliquetos.

Quitina. Polisacárido nitrogenado de la celulosa presente en los Mixomicetos y en el tegumento de los Artrópodos.

Rádula. Pieza quitinosa provista de dientes que utilizan los Moluscos para triturar el alimento.

Rizopodio. Expansión de forma filamentosa, que presenta la membrana celular de algunos Protozoos Rizópodos.

Seudópodo. Prolongación roma que emiten determinados protozoos para su desplazamiento.

Sifón. Tubo formado por soldadura de los bordes del manto de los Moluscos Bivalvos que se utiliza para la entrada y la salida del líquido del medio.

Tagma. Región del cuerpo de los Artrópodos formada por la fusión de un determinado número de segmentos.

Tagmatización. Fenómeno presente en el cuerpo de los Artrópodos que consiste en la agrupación de varios segmentos para formar regiones (por ejemplo, cabeza, tórax, abdomen).

Tarso. Se considera, generalmente, el artejo terminal de las patas de los Insectos y de los Arácnidos.

Taxón. Categoría utilizada en sistemática para agrupar especies, géneros, familias, órdenes y clases.

Teca. Revestimiento de naturaleza quitinosa que presentan ciertos Protozoos (por ejemplo, Rizópodos y Ameboideos).

Telson. Último segmento del cuerpo de los Crustáceos, siempre carente de apéndices.

Tentáculo. Prolongación del cuerpo de determinadas especies animales (por ejemplo, los Celentéreos) con función táctil o prensil.

Tibia. Cuarto artejo de las patas de los Insectos y quinto de las de los Arácnidos.

Triblástico. Metazoo que presenta una organización constituida por tres hojas blastodérmicas. Recibe también el nombre de celomado.

Tritocerebro. Tercer par de ganglios de la masa cerebroide de los Artrópodos que generalmente inerva el segundo par de antenas o el labro.

Trocánter. Segundo artejo de las patas de los Insectos y de los Arácnidos.

Tubo de Malpighi. Glándula excretora adosada al tubo digestivo de determinados Artrópodos, generalmente Insectos.

Umbrela. Cuerpo, en forma de sombrilla o campana, que presentan las medusas, generalmente transparente debido a su alto grado de hidratación.

Zoide. Cada uno de los individuos que forman una colonia.

ÍNDICE